UN GUIDE COMPLET SUR LA MISE EN CONSERVE ET LA CONSERVATION

MAÎTRISEZ L'ART DE PRÉSERVER LES BIENFAITS DE SAISON AVEC 100 RECETTES.

Ange Deparrois

Tous droits réservés.

Clause de non-responsabilité

Les informations contenues dans cet eBook sont destinées à constituer un ensemble complet de stratégies sur lesquelles l'auteur de cet eBook a effectué des recherches. Les résumés, stratégies, trucs et astuces ne sont que des recommandations de l'auteur, et la lecture de cet eBook ne garantit pas que les résultats reflèteront exactement ceux de l'auteur. L'auteur du livre électronique a déployé tous les efforts raisonnables pour fournir des informations actuelles et précises aux lecteurs du livre électronique. L'auteur et ses associés ne pourront être tenus responsables des erreurs ou omissions involontaires qui pourraient être constatées. Le contenu du livre électronique peut inclure des informations provenant de tiers. Les documents tiers incluent les opinions exprimées par leurs propriétaires. En tant que tel, l'auteur du livre électronique n'assume aucune responsabilité pour tout matériel ou opinion de tiers. Que ce soit en raison de la progression d'Internet ou des changements imprévus dans la politique de l'entreprise et dans les directives de soumission éditoriale, ce qui est déclaré comme un fait au moment d'écrire ces lignes peut devenir obsolète ou inapplicable plus tard.

Le livre électronique est protégé par copyright © 2024 avec tous droits réservés. Il est illégal de redistribuer, copier ou créer une œuvre dérivée de ce livre électronique en tout ou en partie. Aucune partie de ce rapport ne peut être reproduite ou retransmise sous quelque forme que ce soit sans l'autorisation expresse écrite et signée de l'auteur.

TABLE DES MATIÈRES

TABLE DES MATIÈRES..4

INTRODUCTION..8

FRUITS ET PRODUITS FRUITÉS...10

   1. Beurre de pommes....................................11
   2. Rondelles de pommes épicées.........................14
   3. Pommes de crabe épicées.............................17
   4. Cornichons au cantaloup.............................20
   5. Chutney d'orange et de canneberges..................24
   6. Chutney de mangue...................................27
   7. Sauce à la mangue...................................30
   8. Cocktail de fruits mélangés.........................33
   9. Courgettes-ananas...................................36
   10. Salsa aux canneberges épicée.......................39
   11. Sauce à la mangue..................................42
   12. Salsa pêche-pomme..................................45

REMPLISSAGES..50

   13. Garniture pour tarte à la viande hachée............51
   14. Garniture pour tarte aux tomates vertes............54

TOMATES ET PRODUITS À TOMATE......................................57

   15. Sauce spaghetti sans viande........................58
   16. Sauce spaghetti à la viande........................62
   17. Sauce tomate mexicaine.............................66
   18. Sauce piquante....................................69
   19. Sauce au poivre de Cayenne.........................72
   20. Ketchup aux tomates................................75
   21. Ketchup country occidental.........................79

22. Ketchup au mixeur..................82
23. Sauce piquante aux tomates et aux poivrons..........86
24. Salsa chilienne..................89
25. Salsa de tomates vertes..................92
26. Salsa à la pâte de tomate..................95
27. Sauce tomate..................99
28. Salsa tomate/chiment vert..................102
29. Sauce taco aux tomates..................105
30. Chili con carne..................108

LÉGUMES & PRODUITS LÉGUMES..................111

31. Légumes mélangés..................112
32. Succotash..................115

FERMENTÉS ET MARINÉS..................118

33. Cornichons à l'aneth..................119
34. Choucroute..................123
35. Pain et beurre cornichon..................127
36. Cornichons à l'aneth frais en paquet..................130
37. Cornichons sucrés..................134
38. Cornichons sucrés de 14 jours..................138
39. Cornichons sucrés rapides..................141
40. Asperges marinées..................145
41. Haricots à l'aneth marinés..................148
42. Salade marinée aux trois haricots..................151
43. Betteraves marinées..................155
44. Carottes marinées..................159
45. Chou-fleur mariné / Bruxelles..................162
46. Salade de chayote et jicama..................165
47. Jicama mariné au pain et au beurre..................169
48. Champignons entiers marinés..................172
49. Gombo mariné à l'aneth..................176
50. Oignons perlés marinés..................179
51. Poivrons marinés..................183

52. Poivrons marinés...187
53. Piments forts marinés...................................190
54. Rondelles de piment jalapeño mariné.....................194
55. Rondelles de poivron jaune mariné.......................198
56. Tomates vertes sucrées marinées.........................201
57. Mélange de légumes marinés..............................205
58. Courgettes marinées au pain et au beurre................209
59. Relish chayotte et poire................................212
60. Piccalilli...216
61. Relish aux cornichons...................................219
62. Relish de maïs mariné...................................222
63. Relish aux tomates vertes marinées......................226
64. Sauce au raifort mariné.................................229
65. Relish aux poivrons et oignons marinés..................232
66. Relish épicée au jicama.................................235
67. Relish piquante aux tomates.............................239
68. Betteraves marinées sans sucre ajouté...................242
69. Concombre cornichon sucré...............................246
70. À l'aneth tranchés......................................250
71. Cornichons sucrés léchés................................253

CONFITURES ET GELÉES....................................257

72. Confiture de pommes.....................................258
73. Gelée fraise-rhubarbe...................................261
74. Confiture de myrtille et d'épices.......................264
75. Gelée raisin-prune.....................................267
76. Gelée de poivre doré...................................270
77. Tartinade pêche-ananas..................................273
78. Tartinade de pommes réfrigérée..........................276
79. Tartinade de raisin au réfrigérateur....................279
80. Gelée de Pomme sans Pectine Ajoutée.....................282
81. Marmelade de pommes sans pectine ajoutée................285
82. Gelée de Mûres sans Pectine Ajoutée.....................288
83. Gelée de cerises avec pectine en poudre.................291

84. Confiture de cerises avec pectine en poudre............294
85. Confiture de figues à la pectine liquide.................297
86. Gelée de Raisin avec Pectine en Poudre..................300
87. Confiture Menthe-Ananas avec Pectine Liquide......303
88. Gelée de fruits mélangés à la pectine liquide..........306
89. Gelée d'Orange..309
90. Gelée d'orange épicée..312
91. Confiture d'orange...315
92. Confiture Abricot-Orange......................................318
93. Confiture de pêches avec pectine en poudre............321
94. Confiture épicée aux bleuets et aux pêches.............324
95. Marmelade Pêche-Orange......................................327
96. Confiture d'ananas à la pectine liquide..................330
97. Gelée de Prunes à la Pectine Liquide......................333
98. Gelée de Coings sans Pectine Ajoutée....................336
99. Confiture de fraises avec pectine en poudre............339
100. Confiture Tutti-Frutti..342

CONCLUSION..**345**

INTRODUCTION

Bienvenue dans votre guide incontournable pour maîtriser l'art de la mise en conserve et de la conservation. Dans le monde en évolution rapide d'aujourd'hui, la tradition de conserver les fruits, légumes et herbes de saison connaît un renouveau. Que vous soyez un fermier chevronné ou un citadin passionné de gourmandises faites maison, ce livre de cuisine vous dotera des connaissances et des compétences nécessaires pour préserver les saveurs de la récolte toute l'année.

Dans ces pages, vous trouverez un trésor de recettes et de techniques pour créer de délicieuses confitures, gelées, cornichons, sauces et bien plus encore. Des classiques comme la confiture de fraises et les cornichons à l'aneth aux créations innovantes comme la salsa aux pêches et la sauce aux tomates rôties, il y en a pour tous les palais et toutes les occasions. Mais au-delà des recettes elles-mêmes, nous approfondirons la science et l'art de la conservation, en explorant des sujets tels que les pratiques de mise en conserve sûres, les équipements essentiels et le dépannage des problèmes courants.

Que vous soyez débutant ou professionnel chevronné, notre objectif est de vous permettre de préserver en toute confiance la générosité de la saison et de profiter des fruits de votre travail pendant des mois. Alors retroussez vos manches, affûtez vos couteaux et c'est parti pour un délicieux voyage dans le monde de la conserve.

FRUITS ET PRODUITS FRUITÉS

1. Beurre de pommes

Ingrédients:

- 8 lb de pommes
- 2 tasses de cidre
- 2 tasses de vinaigre
- 2-1/4 tasses de sucre blanc
- 2-1/4 tasses de cassonade tassée
- 2 cuillères à soupe de cannelle moulue
- 1 cuillère à soupe de clous de girofle moulus

Rendement : environ 8 à 9 pintes

Directions:

a) Lavez, retirez les tiges, les quartiers et le noyau des fruits. Cuire lentement dans le cidre et le vinaigre jusqu'à ce qu'ils soient tendres. Pressez les fruits dans une passoire, un moulin à nourriture ou une passoire. Cuire la pulpe des fruits avec le sucre et les épices en remuant fréquemment.

b) Pour vérifier la cuisson, retirez-en une cuillerée et tenez-la à l'écart de la vapeur pendant 2 minutes. C'est fait si le beurre reste en tas sur la cuillère. Une autre façon de déterminer quand le beurre est suffisamment cuit consiste à en verser une petite quantité dans une assiette. Lorsqu'un bord de liquide ne se sépare pas sur le pourtour du beurre, il est prêt à être mis en conserve. Remplissez chaud dans des pots stériles d'une demi-pinte ou d'une pinte, en laissant un espace libre de 1/4 de pouce.

c) Essuyez les bords des bocaux avec une serviette en papier propre et humide. Ajustez les couvercles et le processus.

2. Rondelles de pommes épicées

Ingrédients:

- 12 lb de pommes acidulées fermes (diamètre maximum, 2-1/2 pouces)
- 12 tasses de sucre
- 6 tasses d'eau
- 1-1/4 tasse de vinaigre blanc (5%)
- 3 cuillères à soupe de clous de girofle entiers
- 3/4 tasse de bonbons rouges à la cannelle ou
- 8 bâtons de cannelle et
- 1 cuillère à café de colorant alimentaire rouge (facultatif)

Rendement : environ 8 à 9 pintes

Directions:

a) Lavez les pommes. Pour éviter la décoloration, épluchez et coupez une pomme à la fois. Coupez immédiatement en travers en tranches de 1/2 pouce, retirez la zone centrale avec une cuillère à melon et plongez dans une solution d'acide ascorbique .

b) Pour faire un sirop aromatisé, mélangez le sucre, l'eau, le vinaigre, les clous de girofle, les bonbons à la cannelle ou les bâtons de cannelle et le colorant alimentaire dans une casserole de 6 litres. Remuer, porter à ébullition et laisser mijoter 3 minutes.

c) Égoutter les pommes, les ajouter au sirop chaud et cuire 5 minutes. Remplissez les bocaux chauds (de préférence à large ouverture) avec des rondelles de pomme et du sirop aromatisé chaud, en laissant un espace libre de 1/2 pouce.

d) Retirez les bulles d'air et ajustez l'espace libre si nécessaire. Essuyez les bords des bocaux avec une serviette en papier propre et humide.

e) Ajustez les couvercles et le processus.

3. Pommes de crabe épicées

Ingrédients:

- 5 lb de pommes de crabe
- 4-1/2 tasses de vinaigre de cidre de pomme (5 %)
- 3-3/4 tasses d'eau
- 7-1/2 tasses de sucre
- 4 cuillères à café de clous de girofle entiers
- 4 bâtons de cannelle
- Six cubes de 1/2 pouce de racine de gingembre frais

Rendement : environ 9 pintes

Directions:

a) Retirez les pétales de fleurs et lavez les pommes, mais laissez les tiges attachées. Percez la peau de chaque pomme quatre fois avec un pic à glace ou un cure-dent.

Mélangez le vinaigre, l'eau et le sucre et portez à ébullition.

b) Ajoutez les épices liées dans un sac à épices ou une étamine. A l'aide d'un panier blanchisseur ou d'un tamis, plongez 1/3 des pommes à la fois dans la solution bouillante vinaigre/sirop pendant 2 minutes. Placez les pommes cuites et le sac d'épices dans un pot propre de 1 ou 2 gallons et ajoutez le sirop chaud.

c) Couvrir et laisser reposer toute la nuit. Retirez le sac à épices, égouttez le sirop dans une grande casserole et réchauffez-le jusqu'à ébullition. Remplissez les pots d'une pinte chaude avec des pommes et du sirop chaud, en laissant un espace libre de 1/2 pouce. Retirez les bulles d'air et ajustez l'espace libre si nécessaire.

d) Essuyez les bords des bocaux avec une serviette en papier propre et humide. Ajustez les couvercles et le processus.

4. Cornichons au cantaloup

Ingrédients:

- 5 lb de cubes de cantaloup de 1 pouce
- 1 cuillère à café de flocons de piment rouge broyés
- 2 bâtons de cannelle d'un pouce
- 2 cuillères à café de clous de girofle moulus
- 1 cuillère à café de gingembre moulu
- 4-1/2 tasses de vinaigre de cidre (5%)
- 2 tasses d'eau
- 1-1/2 tasse de sucre blanc
- 1-1/2 tasse de cassonade claire tassée

Rendement : environ 4 pots d'une pinte

Directions:

Jour un:

a) Lavez le cantaloup et coupez-le en deux; retirer les graines. Couper en tranches de 1 pouce et peler. Coupez les lanières de chair en cubes de 1 pouce.

b) Pesez 5 livres de morceaux et placez-les dans un grand bol en verre. Placez les flocons de piment rouge, les bâtons de cannelle, les clous de girofle et le gingembre dans un sac à épices et attachez fermement les extrémités.

c) Mélangez le vinaigre et l'eau dans une marmite de 4 litres. Portez à ébullition, puis éteignez le feu. Ajoutez le sac d'épices au mélange vinaigre-eau et laissez infuser 5 minutes en remuant de temps en temps. Versez la solution de vinaigre chaud et le sac d'épices sur les morceaux de melon dans le bol. Couvrir d'un couvercle ou d'un film en plastique de qualité alimentaire et laisser reposer toute la nuit au réfrigérateur (environ 18 heures).

Jour deux:

d) Versez délicatement la solution de vinaigre dans une grande casserole de 8 à 10 litres et portez à ébullition. Ajoutez du sucre; remuer pour dissoudre. Ajouter le cantaloup et ramener à ébullition. Baisser le feu et laisser mijoter jusqu'à ce que les morceaux de cantaloup deviennent translucides (environ 1 à 1 1/4 heure). Retirer les morceaux de cantaloup dans une marmite de taille moyenne, couvrir et réserver.

e) Portez le reste du liquide à ébullition et faites bouillir encore 5 minutes. Remettre le cantaloup dans le sirop liquide et ramener à ébullition. À l'aide d'une écumoire, remplissez les morceaux de cantaloup chauds dans des bocaux de pinte chauds, en laissant un espace libre de 1 pouce. Couvrir de sirop bouillant en laissant un espace libre de 1/2 pouce.

f) Retirez les bulles d'air et ajustez l'espace libre si nécessaire. Essuyez les bords des bocaux avec une serviette en papier propre et humide. Ajustez les couvercles et le processus.

5. Chutney d'orange et de canneberges

Ingrédients:

- 24 onces de canneberges entières fraîches
- 2 tasses d'oignon blanc haché
- 2 tasses de raisins secs dorés
- 1-1/2 tasse de sucre blanc
- 1-1/2 tasse de cassonade tassée
- 2 tasses de vinaigre blanc distillé (5%)
- 1 tasse de jus d'orange
- 4 cuillères à café de gingembre frais pelé et râpé
- 3 bâtons de cannelle

Rendement : environ 8 pots d'une demi-pinte

Directions:

a) Bien rincer les canneberges. Mélanger tous les ingrédients dans une grande cocotte. Porter à ébullition à feu vif;

réduire le feu et laisser mijoter doucement pendant 15 minutes ou jusqu'à ce que les canneberges soient tendres. Remuez souvent pour éviter de brûler.

b) Retirez les bâtons de cannelle et jetez-les. Remplissez le chutney chaud dans des bocaux chauds d'une demi-pinte, en laissant un espace libre de 1/2 pouce.

c) Retirez les bulles d'air et ajustez l'espace libre si nécessaire. Essuyez les bords des bocaux avec une serviette en papier propre et humide. Ajustez les couvercles et le processus.

6. Chutney de mangue

Ingrédients:

- 11 tasses ou 4 lb de mangue non mûre hachée
- 2-1/2 tasses d'oignon jaune haché
- 2-1/2 cuillères à soupe de gingembre frais râpé
- 1-1/2 cuillère à soupe ail frais haché
- 4-1/2 tasses de sucre
- 3 tasses de vinaigre blanc distillé (5%)
- 2-1/2 tasses de raisins secs dorés
- 1 à 1 cuillère à café de sel de conserve
- 4 cuillères à café de poudre de chili

Rendement : environ 6 pots d'une pinte

Directions:

a) Lavez bien tous les produits. Épluchez, épépinez et coupez les mangues en cubes de 3/4 de pouce. Hachez les cubes de mangue dans un robot culinaire, en utilisant 6 impulsions d'une seconde par lot du robot culinaire. (Ne pas réduire en purée ni hacher trop finement.)

b) À la main, épluchez et coupez l'oignon en dés, hachez l'ail et râpez le gingembre. Mélangez le sucre et le vinaigre dans une marmite de 8 à 10 litres. Portez à ébullition et faites bouillir pendant 5 minutes. Ajouter tous les autres ingrédients et ramener à ébullition.

c) Réduire le feu et laisser mijoter 25 minutes en remuant de temps en temps. Remplissez le chutney chaud dans des bocaux chauds d'une pinte ou d'une demi-pinte, en laissant un espace libre de 1/2 pouce. Retirez les bulles d'air et ajustez l'espace libre si nécessaire.

d) Essuyez les bords des bocaux avec une serviette en papier propre et humide. Ajustez les couvercles et le processus.

7. Sauce à la mangue

Ingrédients:

- 5-1/2 tasses ou 3-1/4 lb de purée de mangue
- 6 cuillères à soupe de miel
- 4 cuillères à soupe de jus de citron en bouteille
- 3/4 tasse de sucre
- 2-1/2 cuillères à café (7 500 milligrammes) d'acide ascorbique
- 1/8 cuillère à café de cannelle moulue
- 1/8 cuillère à café de muscade moulue

Rendement : environ 6 pots d'une demi-pinte

Directions:

a) Lavez, épluchez et séparez la chair des mangues des graines. Coupez la chair de mangue en morceaux et réduisez-la en purée dans un mélangeur ou un robot culinaire jusqu'à consistance lisse.

b) Mélanger tous les ingrédients dans une cocotte ou une marmite de 6 à 8 litres et chauffer à feu moyen-vif, en remuant continuellement, jusqu'à ce que le mélange atteigne 200 °F.

c) Le mélange crachotera au fur et à mesure qu'il est chauffé, alors assurez-vous de porter des gants ou des gants de cuisine pour éviter de brûler la peau. Versez la sauce piquante dans des bocaux chauds d'une demi-pinte, en laissant un espace libre de 1/4 de pouce.

d) Retirez les bulles d'air et ajustez l'espace libre si nécessaire. Essuyez les bords des bocaux avec une serviette en papier propre et humide. Ajustez les couvercles et le processus.

8. Cocktail de fruits mélangés

Ingrédients:

- 3 lb de pêches
- 3 lb de poires
- 1-1/2 lb de raisins verts sans pépins légèrement sous-mûris
- Pot de 10 oz de cerises au marasquin
- 3 tasses de sucre
- 4 tasses d'eau

Rendement : environ 6 pintes

Directions:

a) Équeuter, laver les raisins et les conserver dans une solution d'acide ascorbique .

b) Trempez les pêches mûres mais fermes, quelques-unes à la fois, dans l'eau bouillante pendant 1 à 1 1/2 minutes pour détacher la peau.

c) Tremper dans l'eau froide et retirer les peaux. Couper en deux, retirer les noyaux, couper en cubes de 1/2 pouce et conserver en solution avec les raisins. Peler, couper en deux et épépiner les poires.

d) Couper en cubes de 1/2 pouce et conserver en solution avec les raisins et les pêches.

e) Mélangez le sucre et l'eau dans une casserole et portez à ébullition. Égoutter les fruits mélangés. Ajoutez 1/2 tasse de sirop chaud dans chaque pot chaud.

f) Ajoutez ensuite quelques cerises et remplissez délicatement le pot avec un mélange de fruits et davantage de sirop chaud, en laissant un espace libre de 1/2 pouce.

g) Retirez les bulles d'air et ajustez l'espace libre si nécessaire. Essuyez les bords des bocaux avec une serviette en papier propre et humide.

h) Ajustez les couvercles et le processus.

9. Courgettes-ananas

Ingrédients:

- 4 litres de courgettes en cubes ou râpées
- 46 oz de jus d'ananas non sucré en conserve
- 1-1/2 tasse de jus de citron en bouteille
- 3 tasses de sucre

Rendement : environ 8 à 9 pintes

Directions:

a) Épluchez les courgettes et coupez-les en cubes de 1/2 pouce ou râpez-les. Mélanger les courgettes avec les autres ingrédients dans une grande casserole et porter à ébullition. Laisser mijoter 20 minutes.

b) Remplissez les bocaux chauds avec du le mélange et le liquide de cuisson, en laissant un espace libre de 1/2 pouce. Retirez les bulles d'air et ajustez l'espace libre si nécessaire. Essuyez les bords des bocaux avec une serviette en papier propre et humide. Ajustez les couvercles et le processus.

10. Salsa aux canneberges épicée

Ingrédients:

- 6 tasses d'oignon rouge haché n
- 4 gros piments Serrano hachés
- 1-1/2 tasse d'eau
- 1-1/2 tasse de vinaigre de cidre (5%)
- 1 cuillère à soupe de sel de conserve
- 1-1/3 tasse de sucre
- 6 cuillères à soupe de miel de trèfle
- 12 tasses (2-3/4 lb) de canneberges entières fraîches et rincées

Rendement : environ 6 pots d'une pinte

Directions:

a) Mélanger tous les ingrédients sauf les canneberges dans une grande cocotte. Porter à ébullition à feu vif; baisser légèrement le feu et faire bouillir doucement pendant 5 minutes.

b) Ajouter les canneberges, réduire légèrement le feu et laisser mijoter le mélange pendant 20 minutes, en remuant de temps en temps pour éviter qu'il ne brûle. Remplissez le mélange chaud dans des bocaux chauds, en laissant un espace libre de 1/4 de pouce. Laissez la casserole sur feu doux pendant que vous remplissez les bocaux.

c) Retirez les bulles d'air et ajustez l'espace libre si nécessaire. Essuyez les bords des bocaux avec une serviette en papier propre et humide. Ajustez les couvercles et le processus.

11. Sauce à la mangue

Ingrédients:

- 6 tasses de mangue non mûre coupée en dés
- 1-1/2 tasse de poivron rouge coupé en dés
- 1/2 tasse d'oignon jaune haché
- 1/2 cuillère à café de flocons de piment rouge broyés
- 2 cuillères à café ail haché
- 2 cuillères à café du gingembre hâché
- 1 tasse de cassonade légère
- 1-1/4 tasse de vinaigre de cidre (5%)
- 1/2 tasse d'eau

Rendement : environ 6 pots d'une demi-pinte

Directions:

a) Lavez bien tous les produits. Épluchez et coupez la mangue en cubes de 1/2 pouce.

Couper le poivron en morceaux de 1/2 pouce. Hachez les oignons jaunes.

b) Mélangez tous les ingrédients dans une cocotte ou une marmite de 8 litres. Porter à ébullition à feu vif en remuant pour dissoudre le sucre.

c) Réduisez le feu et laissez mijoter 5 minutes. Remplissez les solides chauds dans des bocaux chauds d'une demi-pinte, en laissant un espace libre de 1/2 pouce. Couvrir de liquide chaud en laissant un espace libre de 1/2 pouce.

d) Retirez les bulles d'air et ajustez l'espace libre si nécessaire. Essuyez les bords des bocaux avec une serviette en papier propre et humide. Ajustez les couvercles et le processus.

12. Salsa pêche-pomme

Ingrédients:

- 6 tasses de tomates Roma hachées
- 2-1/2 tasses d'oignons jaunes coupés en dés
- 2 tasses de poivrons verts hachés
- 10 tasses de pêches dures et non mûres hachées
- 2 tasses de pommes Granny Smith hachées
- 4 cuillères à soupe d'épices pour marinades mélangées
- 1 cuillère à soupe de sel de conserve
- 2 cuillères à café de flocons de piment rouge écrasés
- 3-3/4 tasses (1-1/4 livre) de cassonade claire tassée
- 2-1/4 tasses de vinaigre de cidre (5%)

Rendement : environ 7 pots d'une pinte

Directions:

a) Placez les épices pour marinades sur un morceau de toile à fromage 100 % propre, à double couche, de 6 pouces carrés. Rassemblez les coins et attachez-les avec une ficelle propre. (Ou utilisez un sac à épices en mousseline acheté).

b) Lavez et épluchez les tomates (placez les tomates lavées dans l'eau bouillante pendant 1 minute, placez-les immédiatement dans l'eau froide et retirez la peau).

c) Couper en morceaux de 1/2 pouce. Épluchez, lavez et coupez les oignons en morceaux de 1/4 de pouce. Lavez, épépinez et épépinez les poivrons; couper en morceaux de 1/4 de pouce.

d) Mélangez les tomates hachées, les oignons et les poivrons dans une cocotte ou une casserole de 8 ou 10 litres. Lavez, épluchez et dénoyautez les pêches ; couper en deux et laisser tremper pendant 10 minutes dans une solution d'acide ascorbique (1 500 mg dans un demi-gallon d'eau).

e) Lavez, épluchez et évidez les pommes; couper en deux et laisser tremper 10 minutes dans une solution d'acide ascorbique.

f) Hachez rapidement les pêches et les pommes en cubes de 1/2 pouce pour éviter qu'elles ne brunissent. Ajouter les pêches et les pommes hachées dans la casserole avec les légumes. Ajoutez le sac d'épices pour marinades dans la casserole; incorporer le sel, les flocons de piment rouge, la cassonade et le vinaigre.

g) Porter à ébullition en remuant doucement pour mélanger les ingrédients. Réduire le feu et laisser mijoter 30 minutes en remuant de temps en temps. Retirer le sac à épices de la poêle et le jeter. Avec une écumoire, versez les solides de salsa dans des bocaux chauds, en laissant un espace libre de 1-1/4 de pouce (environ 3/4 de livre de solides dans chaque pot).

h) Couvrir de liquide de cuisson en laissant un espace libre de 1/2 pouce.

i) Retirez les bulles d'air et ajustez l'espace libre si nécessaire. Essuyez les bords des bocaux avec une serviette en papier propre et humide. Ajustez les couvercles et le processus.

REMPLISSAGES

13. Garniture pour tarte à la viande hachée

Ingrédients:

- 2 tasses de suif haché
- 4 lb de bœuf haché ou 4 lb de chevreuil haché et 1 lb de saucisses
- 5 litres de pommes hachées
- 2 lb de raisins secs noirs sans pépins
- 1 livre de raisins blancs
- 2 litres de cidre de pomme
- 2 cuillères à soupe de cannelle moulue
- 2 cuillères à café de muscade moulue
- 5 tasses de sucre
- 2 cuillères à soupe de sel

Rendement : environ 7 litres

Directions:

a) Cuire la viande et le suif dans l'eau pour éviter qu'ils ne brunissent. Pelez, épépinez et coupez les pommes en quartiers. Passez la viande, le suif et les pommes dans un hachoir à nourriture à l'aide d'une lame moyenne.

b) Mélanger tous les ingrédients dans une grande casserole et laisser mijoter pendant 1 heure ou jusqu'à ce que le mélange épaississe légèrement. Remuez souvent.

c) Remplissez sans tarder les bocaux chauds avec le mélange, en laissant un espace libre de 1 pouce.

d) Retirez les bulles d'air et ajustez l'espace libre si nécessaire. Essuyez les bords des bocaux avec une serviette en papier propre et humide.

e) Ajustez les couvercles et le processus.

14. Garniture pour tarte aux tomates vertes

Ingrédients:

- 4 litres de tomates vertes hachées
- 3 litres de pommes acidulées pelées et hachées
- 1 lb de raisins secs noirs sans pépins
- 1 livre de raisins blancs
- 1/4 tasse de zeste de cédrat, de citron ou d'orange émincé
- 2 tasses d'eau
- 2-1/2 tasses de cassonade
- 2-1/2 tasses de sucre blanc
- 1/2 tasse de vinaigre (5%)
- 1 tasse de jus de citron en bouteille
- 2 cuillères à soupe de cannelle moulue
- 1 cuillère à café de muscade moulue
- 1 cuillère à café de clous de girofle moulus

Rendement : environ 7 litres

Directions:

a) Mélanger tous les ingrédients dans une grande casserole. Cuire lentement, en remuant souvent, jusqu'à ce qu'il soit tendre et légèrement épaissi (environ 35 à 40 minutes).

b) Remplissez les bocaux chauds avec le mélange chaud, en laissant un espace libre de 1/2 pouce.

c) Retirez les bulles d'air et ajustez l'espace libre si nécessaire. Essuyez les bords des bocaux avec une serviette en papier propre et humide.

d) Ajustez les couvercles et le processus.

TOMATES ET PRODUITS À TOMATE

15. Sauce spaghetti sans viande

Ingrédients:

- 30 lb de tomates
- 1 tasse d'oignons hachés
- 5 gousses d'ail, émincées
- 1 tasse de céleri ou de poivrons verts hachés
- 1 lb de champignons frais, tranchés (facultatif)
- 4-1/2 cuillères à café de sel
- 2 cuillères à soupe d'origan
- 4 cuillères à soupe de persil émincé
- 2 cuillères à café de poivre noir
- 1/4 tasse de cassonade
- 1/4 tasse d'huile végétale

Rendement : environ 9 pintes

Directions:

a) N'augmentez pas la proportion d'oignons, de poivrons ou de champignons. Lavez les tomates et plongez-les dans l'eau bouillante pendant 30 à 60 secondes ou jusqu'à ce que la peau se fende. Tremper dans l'eau froide et retirer les peaux. Retirez les trognons et les quartiers de tomates.

b) Faire bouillir 20 minutes à découvert dans une grande casserole. Passer au moulin ou au tamis. Faire revenir les oignons, l'ail, le céleri ou les poivrons et les champignons (si désiré) dans l'huile végétale jusqu'à ce qu'ils soient tendres.

c) Mélangez les légumes sautés et les tomates et ajoutez le reste des épices, du sel et du sucre. Porter à ébullition. Laisser mijoter à découvert jusqu'à ce qu'il soit suffisamment épais pour servir.

d) Le volume initial aura alors été réduit de près de moitié. Remuez fréquemment pour éviter de brûler. Remplissez les bocaux chauds en laissant un espace libre de 1 pouce.

e) Retirez les bulles d'air et ajustez l'espace libre si nécessaire. Essuyez les bords des bocaux avec une serviette en papier propre et humide.

f) Ajustez les couvercles et le processus.

16. Sauce spaghetti à la viande

Ingrédients :

- 30 lb de tomates
- 2-1/2 lb de bœuf haché ou de saucisses
- 5 gousses d'ail, émincées
- 1 tasse d'oignons hachés
- 1 tasse de céleri ou de poivrons verts hachés
- 1 lb de champignons frais, tranchés (facultatif)
- 4-1/2 cuillères à café de sel
- 2 cuillères à soupe d'origan
- 4 cuillères à soupe de persil émincé
- 2 cuillères à café de poivre noir
- 1/4 tasse de cassonade

Rendement : environ 9 pintes

Directions:

a) Pour préparer les tomates, suivez les instructions pour la sauce à spaghetti sans viande .

b) Faire sauter le bœuf ou les saucisses jusqu'à ce qu'ils soient dorés. Ajouter l'ail, l'oignon, le céleri ou le poivron vert et les champignons, si désiré. Cuire jusqu'à ce que les légumes soient tendres. Mélanger avec la pulpe de tomate dans une grande casserole.

c) Ajoutez les épices, le sel et le sucre. Porter à ébullition. Laisser mijoter à découvert jusqu'à ce qu'il soit suffisamment épais pour servir. Le volume initial aura alors été réduit de près de moitié. Remuez fréquemment pour éviter de brûler.

d) Remplissez les bocaux chauds en laissant un espace libre de 1 pouce.

e) Retirez les bulles d'air et ajustez l'espace libre si nécessaire. Essuyez les

bords des bocaux avec une serviette en papier propre et humide.

f) Ajustez les couvercles et le processus.

17. Sauce tomate mexicaine

Ingrédients:

- 2-1/2 à 3 lb de piments
- 18 lb de tomates
- 3 tasses d'oignons hachés
- 1 cuillère à soupe de sel
- 1 cuillère à soupe d'origan
- 1/2 tasse de vinaigre

Rendement : environ 7 litres

Directions:

a) Lavez et séchez les piments. Fendez chaque poivron sur le côté pour permettre à la vapeur de s'échapper.

b) Placez les poivrons sur le feu pendant plusieurs minutes jusqu'à ce que la peau se boursoufle.

c) Après avoir fait des cloques sur la peau, placez les poivrons dans une poêle et couvrez d'un linge humide. (Cela facilitera l'épluchage des poivrons.) Laisser refroidir plusieurs minutes; décoller les peaux. Jeter les graines et hacher les poivrons.

d) Lavez les tomates et plongez-les dans l'eau bouillante pendant 30 à 60 secondes ou jusqu'à ce que la peau se fende. Trempez-les dans l'eau froide, retirez les peaux et retirez les noyaux.

e) Hachez grossièrement les tomates et mélangez les poivrons hachés et le reste des ingrédients dans une grande casserole. Porter à ébullition. Couverture.

f) Réduire le feu et laisser mijoter 10 minutes.

18. Sauce piquante

Ingrédients:

- 1-1/2 tasse de piments Serrano épépinés et hachés
- 4 tasses de vinaigre blanc distillé (5%)
- 2 cuillères à café de sel de conserve
- 2 cuillères à soupe d'épices entières mélangées pour marinades

Rendement : environ 4 demi-pintes

Directions:

a) Placez le mélange d'épices pour marinades dans un sac à épices et attachez fermement les extrémités. Mélanger tous les ingrédients dans une cocotte ou une grande casserole. Porter à ébullition en remuant de temps en temps. Laisser mijoter encore 20 minutes, jusqu'à ce que les tomates soient tendres. Presser le mélange dans un moulin à nourriture.

b) Remettez le liquide dans la marmite, portez à ébullition et faites bouillir encore 15 minutes.

c) Versez la sauce piquante dans des bocaux chauds d'une demi-pinte, en laissant un espace libre de 1/4 de pouce. Retirez les bulles d'air et ajustez l'espace libre si nécessaire. Essuyez les bords des bocaux avec une serviette en papier propre et humide.

d) Ajustez les couvercles et le processus.

19. Sauce au poivre de Cayenne

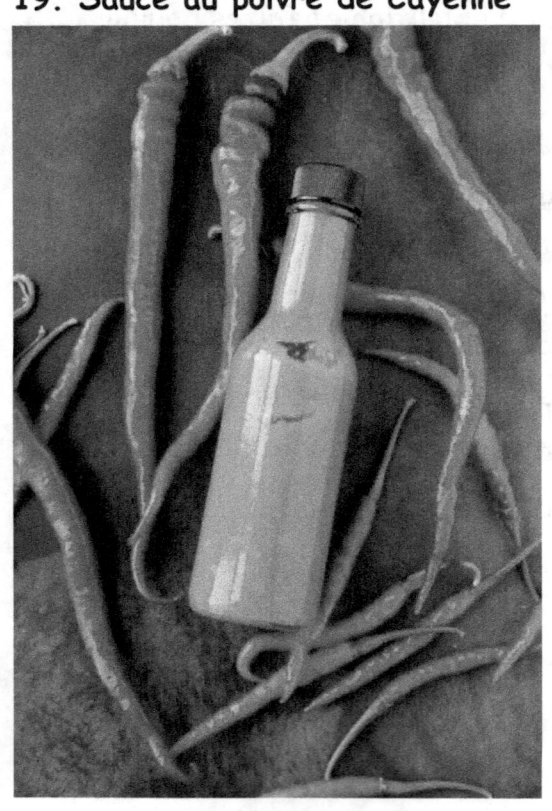

Ingrédients:

- 3 lb de piments forts
- 1/3 tasse d'ail émincé
- 4 tasses d'oignon tranché
- 1/3 tasse de coriandre hachée et équeutée
- 3 boîtes (28 onces chacune) de tomates en dés
- 3 tasses de vinaigre de cidre (5%)
- 2-1/2 tasses d'eau

Rendement : environ 5 pintes

Directions:

a) Lavez, coupez et coupez les poivrons et les oignons en rondelles à l'aide d'une mandoline ou d'un robot culinaire. Dans une cocotte ou une marmite de 10 litres, mélanger tous les ingrédients. Portez à ébullition et faites bouillir pendant 1 heure. Baisser légèrement le feu et laisser mijoter 1 heure supplémentaire. Éteignez le feu et laissez refroidir légèrement le mélange.

b) Réduire en purée les légumes dans un mélangeur environ 2 minutes par lot de mélangeur. Remettez le mélange en purée dans la marmite et portez délicatement à ébullition. Éteignez le feu.

c) Versez la sauce piquante dans des pots d'une pinte chaude, en laissant un espace libre de 1/2 pouce. Retirez les bulles d'air et ajustez l'espace libre si nécessaire. Essuyez les bords des bocaux avec une serviette en papier propre et humide.

d) Ajustez les couvercles et le processus.

20. Ketchup aux tomates

Ingrédients:

- 24 lb de tomates mûres
- 3 tasses d'oignons hachés
- 3/4 cuillères à café de poivron rouge moulu (cayenne)
- 3 tasses de vinaigre de cidre (5%)
- 4 cuillères à café de clous de girofle entiers
- 3 bâtons de cannelle écrasés
- 1-1/2 cuillères à café de piment de la Jamaïque entier
- 3 cuillères à soupe de graines de céleri
- 1-1/2 tasse de sucre
- 1/4 tasse de sel

Rendement : 6 à 7 pintes

Directions:

a) Lavez les tomates. Tremper dans l'eau bouillante pendant 30 à 60 secondes ou jusqu'à ce que les peaux se fendent. Tremper dans l'eau froide. Retirez les peaux et retirez les noyaux. Coupez les tomates en quartiers dans une marmite de 4 gallons ou une grande bouilloire. Ajouter les oignons et le poivron rouge. Porter à ébullition et laisser mijoter 20 minutes à découvert. Couvrir, éteindre le feu et laisser reposer 20 minutes.

b) Mélangez les épices dans un sac à épices et ajoutez-les au vinaigre dans un Casserole de 2 litres.

c) Faire bouillir. Retirez le sac à épices et mélangez le mélange de vinaigre et de tomates. Faire bouillir environ 30 minutes. Passer le mélange bouilli au moulin ou au tamis. Remettez dans la marmite.

d) Ajoutez le sucre et le sel, faites bouillir doucement et remuez fréquemment jusqu'à ce que le volume soit réduit de moitié ou jusqu'à ce que le mélange s'arrondisse sur une cuillère sans séparation. Remplissez les pots d'une pinte chaude en laissant un espace libre de 1/8 de pouce.

e) Retirez les bulles d'air et ajustez l'espace libre si nécessaire. Essuyez les bords des bocaux avec une serviette en papier propre et humide.

f) Ajustez les couvercles et le processus.

21. Ketchup country occidental

Ingrédients:

- 24 lb de tomates mûres
- 5 piments chili, tranchés et épépinés
- 1/4 tasse de sel
- 2-2/3 tasses de vinaigre (5%)
- 1-1/4 tasse de sucre
- 1/2 cuillère à café de poivron rouge moulu (cayenne)
- 4 cuillères à café de paprika
- 4 cuillères à café de piment de la Jamaïque entier
- 4 cuillères à café de moutarde sèche
- 1 cuillère à soupe de grains de poivre entiers
- 1 cuillère à café de graines de moutarde
- 1 cuillère à soupe de feuilles de laurier

Rendement : 6 à 7 pintes

Directions:

a) Suivez la procédure et le temps de traitement pour le ketchup aux tomates ordinaire.

22. Ketchup au mixeur

Ingrédients:

- 24 lb de tomates mûres
- 2 lb d'oignons
- 1 lb de poivrons rouges doux
- 1 lb de poivrons verts doux
- 9 tasses de vinaigre (5%)
- 9 tasses de sucre
- 1/4 tasse de sel de conserve ou de décapage
- 3 cuillères à soupe de moutarde sèche
- 1-1/2 cuillères à soupe de poivron rouge moulu
- 1-1/2 cuillères à café de piment de la Jamaïque entier
- 1-1/2 cuillères à soupe de clous de girofle entiers
- 3 bâtons de cannelle

Rendement : environ 9 pintes

Directions:

a) Lavez les tomates et plongez-les dans l'eau bouillante pendant 30 à 60 secondes ou jusqu'à ce que la peau se fende. Trempez ensuite dans l'eau froide, retirez les peaux, le cœur et les quartiers. Retirez les graines des poivrons et coupez-les en lanières. Épluchez et coupez les oignons en quartiers.

b) Mélangez les tomates, les poivrons et les oignons à grande vitesse pendant 5 secondes dans un mixeur électrique. Verser dans une marmite de 3 à 4 gallons ou une grande bouilloire et faire chauffer. Faire bouillir doucement pendant 60 minutes en remuant fréquemment. Ajoutez le vinaigre, le sucre, le sel et un sac d'épices contenant de la moutarde sèche, du poivron rouge et d'autres épices.

c) Continuez à faire bouillir et à remuer jusqu'à ce que le volume soit réduit de moitié et que le ketchup s'arrondisse sur une cuillère sans séparation du liquide et des solides. Retirez le sac à épices et remplissez les bocaux chauds en laissant un espace libre de 1/8 de pouce.

d) Retirez les bulles d'air et ajustez l'espace libre si nécessaire. Essuyez les bords des bocaux avec une serviette en papier propre et humide.

e) Ajustez les couvercles et suivez les temps de traitement pour le ketchup ordinaire.

23. Sauce piquante aux tomates et aux poivrons

Ingrédients:

- 5 lb de tomates
- 2 lb de piments
- 1 livre d'oignons
- 1 tasse de vinaigre (5%)
- 3 cuillères à café de sel
- 1/2 cuillère à café de poivre

Rendement : environ 6 à 8 pintes

Directions:

a) Lavez les tomates et plongez-les dans l'eau bouillante pendant 30 à 60 secondes ou jusqu'à ce que la peau se fende. Trempez-les dans l'eau froide, retirez les peaux et retirez les noyaux.

b) Hachez grossièrement les tomates et mélangez-les avec les poivrons hachés, les oignons et le reste des ingrédients dans une grande casserole. Porter à ébullition, baisser le feu et laisser mijoter 10 minutes. Remplissez les bocaux chauds en laissant un espace libre de 1/2 pouce.

c) Retirez les bulles d'air et ajustez l'espace libre si nécessaire. Essuyez les bords des bocaux avec une serviette en papier propre et humide.

d) Ajustez les couvercles et le processus.

24. Salsa chilienne

Ingrédients:

- 10 tasses de tomates pelées, évidées et hachées
- 6 tasses de piments chili épépinés et hachés
- 4 tasses d'oignons hachés
- 1 tasse de vinaigre (5%)
- 3 cuillères à café de sel
- 1/2 cuillère à café de poivre

Rendement : environ 7 à 9 pintes

Directions:

a) Lavez les tomates et plongez-les dans l'eau bouillante pendant 30 à 60 secondes ou jusqu'à ce que la peau se fende.

b) Trempez-les dans l'eau froide, retirez les peaux et retirez les noyaux. Mélanger les ingrédients dans une grande casserole. Porter à ébullition et laisser mijoter 10 minutes. Remplissez de salsa chaude dans des pots de pinte chauds, en laissant un espace libre de 1/2 pouce.

c) Retirez les bulles d'air et ajustez l'espace libre si nécessaire. Essuyez les bords des bocaux avec une serviette en papier propre et humide.

d) Ajustez les couvercles et le processus.

25. Salsa de tomates vertes

Ingrédients:

- 5 tasses de tomatilles hachées
- 1-1/2 tasse de piments verts longs épépinés et hachés
- 1/2 tasse de piments jalapeño épépinés et hachés
- 4 tasses d'oignons hachés
- 1 tasse de jus de citron en bouteille
- 6 gousses d'ail, hachées
- 1 cuillère à soupe de cumin moulu (facultatif)
- 3 cuillères à soupe de feuilles d'origan (facultatif)
- 1 cuillère à soupe de sel
- 1 cuillère à café de poivre noir

Rendement : environ 5 pintes

Directions:

a) Mélangez tous les ingrédients dans une grande casserole et remuez fréquemment à feu vif jusqu'à ce que le mélange commence à bouillir, puis réduisez le feu et laissez mijoter pendant 20 minutes en remuant de temps en temps.

b) Louche chaude la salsa dans des bocaux chauds, en laissant un espace libre de 1/2 pouce.

c) Retirez les bulles d'air et ajustez l'espace libre si nécessaire. Essuyez les bords des bocaux avec une serviette en papier propre et humide.

d) Ajustez les couvercles et le processus.

26. Salsa à la pâte de tomate

Ingrédients:

- 7 litres de tomates pelées, évidées et hachées
- 4 tasses de piments verts longs épépinés et hachés
- 5 tasses d'oignon haché
- 1/2 tasse de piments jalapeño épépinés et hachés
- 6 gousses d'ail, hachées
- 2 tasses de jus de citron ou de lime en bouteille
- 2 cuillères à soupe de sel
- 1 cuillère à soupe de poivre noir
- 2 cuillères à soupe de cumin moulu (facultatif)
- 3 cuillères à soupe de feuilles d'origan (facultatif)
- 2 cuillères à soupe de coriandre fraîche (facultatif)

Rendement : environ 16 à 18 pintes

Directions:

a) Lavez les tomates et plongez-les dans l'eau bouillante pendant 30 à 60 secondes ou jusqu'à ce que la peau se fende. Trempez-les dans l'eau froide, retirez les peaux et retirez les noyaux.

b) Mélanger tous les ingrédients sauf le cumin, l'origan et la coriandre dans une grande casserole et porter à ébullition en remuant fréquemment, puis réduire le feu et laisser mijoter. 10 minutes.

c) Ajouter les épices et laisser mijoter encore 20 minutes en remuant de temps en temps. Remplissez de salsa chaude dans des pots de pinte chauds, en laissant un espace libre de 1/2 pouce.

d) Retirez les bulles d'air et ajustez l'espace libre si nécessaire. Essuyez les bords des bocaux avec une serviette en papier propre et humide.

e) Ajustez les couvercles et le processus.

27. Sauce tomate

Ingrédients:

- 4 tasses de tomates pelées, évidées et hachées
- 2 tasses de piments verts longs épépinés et hachés
- 1/2 tasse de piments jalapeño épépinés et hachés
- 3/4 tasse d'oignon haché
- 4 gousses d'ail, hachées
- 2 tasses de vinaigre (5%)
- 1 cuillère à café de cumin moulu (facultatif)
- 1 cuillère à soupe de feuilles d'origan (facultatif)
- 1 cuillère à soupe de coriandre fraîche (facultatif)
- 1-1/2 cuillères à café de sel

Rendement : environ 4 pintes

Directions:

a) Lavez les tomates et plongez-les dans l'eau bouillante pendant 30 à 60 secondes ou jusqu'à ce que la peau se fende. Trempez-les dans l'eau froide, retirez les peaux et retirez les noyaux.

b) Mélanger tous les ingrédients dans une grande casserole et porter à ébullition en remuant fréquemment. Réduire le feu et laisser mijoter 20 minutes en remuant de temps en temps.

c) Remplissez de salsa chaude dans des pots de pinte chauds, en laissant un espace libre de 1/2 pouce.

d) Retirez les bulles d'air et ajustez l'espace libre si nécessaire. Essuyez les bords des bocaux avec une serviette en papier propre et humide.

e) Ajustez les couvercles et le processus.

28. Salsa tomate/chiment vert

Ingrédients:

- 3 tasses de tomates pelées, évidées et hachées
- 3 tasses de piments verts longs épépinés et hachés
- 3/4 tasse d'oignons hachés
- 1 piment jalapeño, épépiné et haché
- 6 gousses d'ail, hachées
- 1-1/2 tasse de vinaigre (5%)
- 1/2 cuillère à café de cumin moulu (facultatif)
- 2 cuillères à café de feuilles d'origan (facultatif)
- 1-1/2 cuillères à café de sel

Rendement : environ 3 pintes

Directions:

a) Lavez les tomates et plongez-les dans l'eau bouillante pendant 30 à 60 secondes ou jusqu'à ce que la peau se fende. Trempez-les dans l'eau froide, retirez les peaux et retirez les noyaux.

b) Mélanger tous les ingrédients dans une grande casserole et chauffer en remuant fréquemment jusqu'à ce que le mélange bout. Réduire le feu et laisser mijoter 20 minutes en remuant de temps en temps.

c) Remplissez de salsa chaude dans des pots de pinte chauds, en laissant un espace libre de 1/2 pouce.

d) Retirez les bulles d'air et ajustez l'espace libre si nécessaire. Essuyez les bords des bocaux avec une serviette en papier propre et humide.

e) Ajustez les couvercles et le processus.

29. Sauce taco aux tomates

Ingrédients:

- 8 litres de tomates en pâte pelées, évidées et hachées
- 2 gousses d'ail, écrasées
- 5 tasses d'oignons hachés
- 4 piments jalapeño, épépinés et hachés
- 4 piments verts longs, épépinés et hachés
- 2-1/2 tasses de vinaigre
- 2 cuillères à soupe de sel
- 1-1/2 cuillères à soupe de poivre noir
- 1 cuillère à soupe de sucre
- 2 cuillères à soupe de feuilles d'origan (facultatif)
- 1 cuillère à café de cumin moulu (facultatif)

Rendement : environ 16 à 18 pintes

Directions:

a) Mélanger les ingrédients dans une grande casserole. Porter à ébullition, puis réduire le feu et laisser mijoter en remuant fréquemment jusqu'à épaississement (environ 1 heure).

b) Versez la sauce piquante dans des pots d'une pinte chaude, en laissant un espace libre de 1/2 pouce.

c) Retirez les bulles d'air et ajustez l'espace libre si nécessaire. Essuyez les bords des bocaux avec une serviette en papier propre et humide.

d) Ajustez les couvercles et le processus.

30. Chili con carne

Ingrédients:

- 3 tasses de haricots pinto ou rouges séchés
- 5-1/2 tasses d'eau
- 5 cuillères à café de sel (séparé)
- 3 lb de bœuf haché
- 1-1/2 tasse d'oignons hachés
- 1 tasse de poivrons hachés de votre choix
- 1 cuillère à café de poivre noir
- 3 à 6 cuillères à soupe de poudre de chili
- 2 litres de tomates concassées ou entières

Rendement : 9 pintes

Directions:

a) Lavez soigneusement les haricots et placez-les dans un récipient de 2 litres.

casserole. Ajoutez de l'eau froide jusqu'à un niveau de 2 à 3 pouces au-dessus des haricots et laissez tremper 12 à 18 heures. Égoutter et jeter l'eau.

b) Mélangez les haricots avec 5-1/2 tasses d'eau fraîche et 2 cuillères à café de sel. Porter à ébullition. Baisser le feu et laisser mijoter 30 minutes. Égoutter et jeter l'eau.

c) Faire revenir le bœuf haché, les oignons hachés et les poivrons (si désiré) dans une poêle. Égoutter le gras et ajouter 3 cuillères à café de sel, poivre, poudre de chili, tomates et haricots cuits égouttés. Laisser mijoter 5 minutes. Attention : Ne pas épaissir. Remplissez les bocaux chauds en laissant un espace libre de 1 pouce.

d) Retirez les bulles d'air et ajustez l'espace libre si nécessaire. Essuyez les bords des bocaux avec une serviette en papier propre et humide.

e) Ajustez les couvercles et le processus.

LÉGUMES & PRODUITS LÉGUMES

31. Légumes mélangés

Ingrédients:

- 6 tasses de carottes tranchées
- 6 tasses de maïs sucré à grains entiers coupé
- 6 tasses de haricots verts coupés
- 6 tasses de haricots de Lima décortiqués
- 4 tasses de tomates entières ou concassées
- 4 tasses de courgettes coupées en dés

Rendement : 7 litres

Directions:

a) Sauf les courgettes, laver et préparer les légumes comme décrit précédemment pour chaque légume. Lavez, coupez et coupez en tranches ou en cubes les courgettes ; Mélangez tous les légumes dans une grande casserole ou une bouilloire et ajoutez suffisamment d'eau pour couvrir les morceaux.

b) Ajoutez 1 cuillère à café de sel par litre dans le pot, si vous le souhaitez. Faire bouillir 5 minutes et remplir les bocaux chauds de morceaux chauds et de liquide, en laissant un espace libre de 1 pouce.

c) Retirez les bulles d'air et ajustez l'espace libre si nécessaire. Essuyez les bords des bocaux avec une serviette en papier propre et humide.

d) Ajustez les couvercles et le processus.

32. Succotash

Ingrédients:

- 15 lb de maïs sucré non décortiqué
- 14 lb de haricots de Lima verts mûrs en gousse
- 2 litres de tomates concassées ou entières

Rendement : 7 litres

Directions:

a) Lavez et préparez les produits frais comme décrit précédemment pour des légumes spécifiques.

b) Pack chaud – Mélanger tous les légumes préparés dans une grande bouilloire avec suffisamment d'eau pour recouvrir les morceaux. Ajoutez 1 cuillère à café de sel dans chaque pot d'un litre chaud, si vous le souhaitez. Faites bouillir doucement le succotash pendant 5 minutes et remplissez les bocaux chauds de morceaux et de liquide de cuisson, en laissant un espace libre de 1 pouce.

c) Emballage cru – Remplissez les bocaux chauds avec des parts égales de tous les légumes préparés, en laissant un espace libre de 1 pouce. Ne secouez pas et n'appuyez pas sur les morceaux. Ajoutez 1 cuillère à café de sel dans chaque pot d'un litre, si vous le souhaitez. Ajouter de l'eau bouillante fraîche en laissant un espace libre de 1 pouce.

d) Retirez les bulles d'air et ajustez l'espace libre si nécessaire. Essuyez les bords des bocaux avec une serviette en papier propre et humide.

e) Ajustez les couvercles et le processus.

FERMENTÉS ET MARINÉS

33. Cornichons à l'aneth

Ingrédients:

- 4 lb de concombres marinés de 4 pouces
- 2 cuillères à soupe de graines d'aneth ou 4 à 5 têtes d'aneth frais ou sec
- 1/2 tasse de sel
- 1/4 tasse de vinaigre (5%
- 8 tasses d'eau et un ou plusieurs des ingrédients suivants :
- 2 gousses d'ail (facultatif)
- 2 poivrons rouges séchés (facultatif)
- 2 cuillères à café d'épices entières mélangées pour marinades

Directions:

a) Lavez les concombres. Coupez une tranche de 1/16 de pouce de l'extrémité de la fleur et jetez-la. Laissez 1/4 de pouce de tige attachée. Placer la moitié de l'aneth et des épices au fond d'un récipient propre et adapté .

b) Ajouter les concombres, le reste de l'aneth et les épices. Dissoudre le sel dans le vinaigre et l'eau et verser sur les concombres.

c) Ajoutez une couverture et un poids appropriés. Conserver à un endroit où la température est comprise entre 70° et 75°F pendant environ 3 à 4 semaines pendant la fermentation. Des températures de 55° à 65°F sont acceptables, mais la fermentation prendra 5 à 6 semaines.

d) Évitez les températures supérieures à 80°F, sinon les cornichons deviendront trop mous pendant la fermentation. Les cornichons fermentés guérissent lentement. Vérifiez le récipient plusieurs fois par semaine et éliminez rapidement les écumes ou les moisissures en surface. Attention : si les cornichons deviennent mous, visqueux ou développent une odeur désagréable, jetez-les.

e) Les cornichons entièrement fermentés peuvent être conservés dans le récipient d'origine pendant environ 4 à 6 mois, à condition qu'ils soient réfrigérés et que l'écume et les moisissures de surface soient régulièrement éliminées. La mise en conserve de cornichons entièrement fermentés est une meilleure façon de les conserver. Pour les mettre en conserve, versez la saumure dans une casserole, portez lentement à ébullition et laissez mijoter pendant 5 minutes. Filtrer la saumure à travers des filtres à café en papier pour réduire le trouble, si vous le souhaitez.

f) Remplissez le pot chaud de cornichons et de saumure chaude, en laissant un espace libre de 1/2 pouce.

g) Retirez les bulles d'air et ajustez l'espace libre si nécessaire. Essuyez les bords des bocaux avec une serviette en papier propre et humide.

h) Ajustez les couvercles et procédez.

34. Choucroute

Ingrédients:

- 25 lb de chou
- 3/4 tasse de sel de conserve ou de décapage

Rendement : environ 9 litres

Directions:

a) Travaillez avec environ 5 livres de chou à la fois. Jetez les feuilles extérieures. Rincer les têtes sous l'eau froide courante et égoutter. Coupez les têtes en quartiers et retirez les noyaux. Râpez ou coupez en tranches sur une épaisseur d'un quart.

b) Mettez le chou dans un récipient de fermentation adapté et ajoutez 3 cuillères à soupe de sel. Mélangez soigneusement avec des mains propres. Emballez fermement jusqu'à ce que le sel extrait le jus du chou.

c) Répétez le déchiquetage, le salage et l'emballage jusqu'à ce que tout le chou soit dans le récipient. Assurez-vous qu'il est suffisamment profond pour que son bord soit à au moins 4 ou 5 pouces au-dessus du chou. Si le jus ne recouvre pas le chou, ajoutez de la saumure bouillie et refroidie (1 1/2 cuillères à soupe de sel par litre d'eau).

d) Ajoutez des assiettes et des poids ; couvrir le récipient avec une serviette de bain propre. Conserver entre 70° et 75°F pendant la fermentation. À des températures comprises entre 70° et 75°F, la chouette sera complètement fermentée en 3 à 4 semaines environ ; à 60° à 65°F, la fermentation peut prendre 5 à 6 semaines. À des températures inférieures à 60°F, la chouette peut ne pas fermenter. Au-dessus de 75°F, le kraut peut devenir mou.

e) Si vous alourdissez le chou avec un sac rempli de saumure, ne dérangez pas le pot jusqu'à ce que la fermentation normale soit terminée (lorsque le bouillonnement s'arrête). Si vous utilisez des bocaux comme poids, vous devrez vérifier la choucroute deux à trois fois par semaine et éliminer l'écume si elle se forme. La choucroute entièrement fermentée peut être conservée bien couverte au réfrigérateur pendant plusieurs mois .

f) Retirez les bulles d'air et ajustez l'espace libre si nécessaire. Essuyez les bords des bocaux avec une serviette en papier propre et humide. Ajustez les couvercles et le processus.

35. Pain et beurre cornichon

Ingrédients:

- 6 lb de concombres marinés de 4 à 5 pouces
- 8 tasses d'oignons émincés
- 1/2 tasse de sel de conserve ou de décapage
- 4 tasses de vinaigre (5%)
- 4-1/2 tasses de sucre
- 2 cuillères à soupe de graines de moutarde
- 1-1/2 cuillères à soupe de graines de céleri
- 1 cuillère à soupe de curcuma moulu
- 1 tasse de citron vert mariné

Rendement : environ 8 pintes

Directions:

a) Lavez les concombres. Coupez 1/16 de pouce de l'extrémité de la fleur et jetez-la. Couper en tranches de 3/16 de pouce. Mélanger les concombres et les oignons dans un grand bol. Ajoutez du sel. Couvrir de 2 pouces de glace pilée ou en cubes. Réfrigérer 3 à 4 heures, en ajoutant plus de glace au besoin.

b) Mélanger le reste des ingrédients dans une grande casserole. Faire bouillir 10 minutes. Égoutter et ajouter les concombres et les oignons et réchauffer lentement jusqu'à ébullition. Remplissez les bocaux chauds avec des tranches et du sirop de cuisson, en laissant un espace libre de 1/2 pouce. Retirez les bulles d'air et ajustez l'espace libre si nécessaire. Essuyez les bords des bocaux avec une serviette en papier propre et humide.

c) Ajustez les couvercles et procédez.

36. Cornichons à l'aneth frais en paquet

Ingrédients:

- 8 lb de concombres marinés de 3 à 5 pouces
- 2 gallons d'eau
- 1-1/4 tasse de sel de conserve ou de sel mariné
- 1-1/2 litre de vinaigre (5%)
- 1/4 tasse de sucre
- 2 litres d'eau
- 2 cuillères à soupe d'épices pour marinades entières mélangées
- environ 3 cuillères à soupe de graines de moutarde entières (1 cuillère à café par pot de pinte)
- environ 14 têtes d'aneth frais (1-1/2 têtes par pot de pinte) ou
- 4-1/2 cuillères à soupe de graines d'aneth (1-1/2 cuillères à café par pot de pinte)

Rendement : environ 7 à 9 pintes

Directions:

a) Lavez les concombres. Coupez une tranche de 1/16 de pouce de l'extrémité de la fleur et jetez-la, mais laissez 1/4 de pouce de tige attachée. Dissoudre 3/4 tasse de sel dans 2 gallons d'eau. Versez sur les concombres et laissez reposer 12 heures. Vidange.

b) Mélangez le vinaigre, 1/2 tasse de sel, le sucre et 2 litres d'eau. Ajouter le mélange d'épices pour marinades noué dans un chiffon blanc propre. Chauffer jusqu'à ébullition. Remplissez les bocaux chauds de concombres.

c) Ajoutez 1 cuillère à café de graines de moutarde et 1-1/2 tête d'aneth frais par pinte. Couvrir de solution de décapage bouillante, en laissant un espace libre de 1/2 pouce. Retirez les bulles d'air et ajustez l'espace libre si nécessaire.

Essuyez les bords des bocaux avec une serviette en papier propre et humide.

d) Ajustez les couvercles et procédez.

37. Cornichons sucrés

Ingrédients:

- 7 lb de concombres (1-1/2 pouce ou moins)
- 1/2 tasse de sel de conserve ou de décapage
- 8 tasses de sucre
- 6 tasses de vinaigre (5%)
- 3/4 cuillères à café de curcuma
- 2 cuillères à café de graines de céleri
- 2 cuillères à café d'épices pour marinades entières mélangées
- 2 bâtons de cannelle
- 1/2 cuillère à café de fenouil (facultatif)
- 2 cuillères à café de vanille (facultatif)

Rendement : environ 6 à 7 pintes

Directions:

a) Lavez les concombres. Coupez une tranche de 1/16 de pouce de l'extrémité de la fleur et jetez-la, mais laissez 1/4 de pouce de tige attachée.

b) Placer les concombres dans un grand récipient et couvrir d'eau bouillante. Six à 8 heures plus tard, et de nouveau le deuxième jour, égouttez et couvrez de 6 litres d'eau bouillante fraîche contenant 1/4 tasse de sel. Le troisième jour, égouttez et piquez les concombres avec une fourchette de table.

c) Mélanger et porter à ébullition 3 tasses de vinaigre, 3 tasses de sucre, le curcuma et les épices. Verser sur les concombres. Six à 8 heures plus tard, égouttez et conservez le sirop de marinade. Ajoutez encore 2 tasses de sucre et de vinaigre et réchauffez à ébullition. Verser sur les cornichons.

d) Le quatrième jour, égouttez et conservez le sirop. Ajoutez encore 2 tasses de sucre et 1 tasse de vinaigre.

Porter à ébullition et verser sur les cornichons. Égoutter et conserver le sirop de marinade 6 à 8 heures plus tard. Ajoutez 1 tasse de sucre et 2 cuillères à café de vanille et portez à ébullition.

e) Remplissez les pots d'une pinte stériles chauds avec des cornichons et couvrez de sirop chaud, en laissant un espace libre de 1/2 pouce.

f) Retirez les bulles d'air et ajustez l'espace libre si nécessaire. Essuyez les bords des bocaux avec une serviette en papier propre et humide.

g) Ajustez les couvercles et procédez .

38. Cornichons sucrés de 14 jours

Ingrédients:

- 4 livres de concombres marinés de 2 à 5 pouces
- 3/4 tasse de sel de conserve ou de décapage
- 2 cuillères à café de graines de céleri
- 2 cuillères à soupe d'épices pour marinades mélangées
- 5-1/2 tasses de sucre
- 4 tasses de vinaigre (5%)

Rendement : environ 5 à 9 pintes

Directions:

a) Lavez les concombres. Coupez une tranche de 1/16 de pouce de l'extrémité de la fleur et jetez-la, mais laissez 1/4 de pouce de tige attachée. Placez les concombres entiers dans un récipient approprié de 1 gallon .

b) Ajoutez 1/4 tasse de sel de conserve ou de décapage à 2 litres d'eau et portez à ébullition. Verser sur les concombres. Ajoutez une couverture et un poids appropriés.

c) Placez une serviette propre sur le récipient et maintenez la température à environ 70°F. Les troisième et cinquième jours, égouttez l'eau salée et jetez-la. Rincer les concombres et remettre les concombres dans le récipient. Ajoutez 1/4 tasse de sel à 2 litres d'eau fraîche et faites bouillir. Verser sur les concombres.

d) Remplacez le couvercle et le poids, puis recouvrez avec une serviette propre. Le septième jour, égouttez l'eau salée et jetez-la. Rincer les concombres, couvrir et peser.

39. Cornichons sucrés rapides

Ingrédients:

- 8 lb de concombres marinés de 3 à 4 pouces
- 1/3 tasse de sel de conserve ou de décapage
- 4-1/2 tasses de sucre
- 3-1/2 tasses de vinaigre (5%)
- 2 cuillères à café de graines de céleri
- 1 cuillère à soupe de piment de la Jamaïque entier
- 2 cuillères à soupe de graines de moutarde
- 1 tasse de citron vert mariné (facultatif)

Rendement : environ 7 à 9 pintes

Directions:

a) Lavez les concombres. Coupez 1/16 de pouce de l'extrémité de la fleur et jetez-la, mais laissez 1/4 de pouce de tige attachée. Trancher ou couper en lanières, si désiré. Placer dans un bol et saupoudrer de 1/3 tasse de sel. Couvrir de 2 pouces de glace pilée ou en cubes.

b) Réfrigérer 3 à 4 heures. Ajoutez plus de glace au besoin. Bien égoutter.

c) Mélangez le sucre, le vinaigre, les graines de céleri, le piment de la Jamaïque et les graines de moutarde dans une bouilloire de 6 litres. Chauffer jusqu'à ébullition.

d) Pack chaud – Ajouter les concombres et chauffer lentement jusqu'à ce que la solution de vinaigre revienne à ébullition. Remuez de temps en temps pour vous assurer que le mélange chauffe uniformément. Remplissez les bocaux stériles en laissant un espace libre de 1/2 pouce.

e) Emballage cru : remplissez les bocaux chauds en laissant un espace libre de 1/2 pouce. Ajouter le sirop de décapage chaud en laissant un espace libre de 1/2 pouce.

f) Retirez les bulles d'air et ajustez l'espace libre si nécessaire. Essuyez les bords des bocaux avec une serviette en papier propre et humide.

g) Ajustez les couvercles et procédez .

40. Asperges marinées

Ingrédients:

- 10 livres d'asperges
- 6 grosses gousses d'ail
- 4-1/2 tasses d'eau
- 4-1/2 tasses de vinaigre blanc distillé (5%)
- 6 petits piments forts (facultatif)
- 1/2 tasse de sel de conserve
- 3 cuillères à café de graines d'aneth

Rendement : 6 pots d'une pinte à large ouverture

Directions:

a) Lavez bien les asperges, mais délicatement, sous l'eau courante. Coupez les tiges par le bas pour laisser des lances avec des pointes qui vont dans le bocal de conserve, laissant un peu plus d'un demi-pouce d'espace libre. Épluchez et lavez les gousses d'ail.

b) Placez une gousse d'ail au fond de chaque bocal et emballez bien les asperges dans des bocaux chauds avec les extrémités émoussées vers le bas. Dans une casserole de 8 litres, mélanger l'eau, le vinaigre, les piments forts (facultatif), le sel et les graines d'aneth.

c) Porter à ébullition. Placez un piment fort (si utilisé) dans chaque pot sur les pointes d'asperges. Versez la saumure bouillante sur les lances, en laissant un espace libre de 1/2 pouce.

d) Retirez les bulles d'air et ajustez l'espace libre si nécessaire. Essuyez les bords des bocaux avec une serviette en papier propre et humide.

e) Ajustez les couvercles et le processus.

41. Haricots à l'aneth marinés

Ingrédients:

- 4 lb de haricots verts ou jaunes tendres et frais
- 8 à 16 têtes d'aneth frais
- 8 gousses d'ail (facultatif)
- 1/2 tasse de sel de conserve ou de décapage
- 4 tasses de vinaigre blanc (5%)
- 4 tasses d'eau
- 1 cuillère à café de flocons de piment rouge (facultatif)

Rendement : environ 8 pintes

Directions:

a) Lavez et coupez les extrémités des haricots et coupez-les à des longueurs de 4 pouces. Dans chaque pot d'une pinte stérile et chaud, placez 1 à 2 têtes d'aneth et, si vous le souhaitez, 1 gousse d'ail. Placez les haricots entiers à la verticale dans des bocaux, en laissant un espace libre de 1/2 pouce.

b) Coupez les haricots pour vous assurer qu'ils sont corrects, si nécessaire. Mélangez les lacs de sel, de vinaigre, d'eau et de poivre (si vous le souhaitez). Porter à ébullition. Ajouter la solution chaude aux haricots, en laissant un espace libre de 1/2 pouce.

c) Retirez les bulles d'air et ajustez l'espace libre si nécessaire. Essuyez les bords des bocaux avec une serviette en papier propre et humide.

d) Ajustez les couvercles et le processus.

42. Salade marinée aux trois haricots

Ingrédients:

- 1-1/2 tasse de haricots verts / jaunes blanchis
- 1-1/2 tasse de haricots rouges en conserve, égouttés
- 1 tasse de pois chiches en conserve et égouttés
- 1/2 tasse d'oignon pelé et tranché finement
- 1/2 tasse de céleri paré et tranché finement
- 1/2 tasse de poivrons verts tranchés
- 1/2 tasse de vinaigre blanc (5%)
- 1/4 tasse de jus de citron en bouteille
- 3/4 tasse de sucre
- 1/4 tasse d'huile
- 1/2 cuillère à café de sel de conserve ou de décapage
- 1-1/4 tasse d'eau

Rendement : environ 5 à 6 demi-pintes

Directions:

a) Lavez et cassez les extrémités des haricots frais. Coupez ou cassez en morceaux de 1 à 2 pouces.

b) Blanchir 3 minutes et laisser refroidir immédiatement. Rincez les haricots rouges à l'eau du robinet et égouttez-les à nouveau. Préparez et mesurez tous les autres légumes.

c) Mélangez le vinaigre, le jus de citron, le sucre et l'eau et portez à ébullition. Retirer du feu.

d) Ajouter l'huile et le sel et bien mélanger. Ajouter les haricots, les oignons, le céleri et le poivron vert à la solution et porter à ébullition.

e) Laisser mariner 12 à 14 heures au réfrigérateur, puis porter le tout à ébullition. Remplissez les bocaux chauds de solides. Ajouter le liquide chaud en laissant un espace libre de 1/2 pouce.

f) Retirez les bulles d'air et ajustez l'espace libre si nécessaire. Essuyez les bords des bocaux avec une serviette en papier propre et humide.

g) Ajustez les couvercles et le processus.

43. Betteraves marinées

Ingrédients:

- 7 livres de betteraves de 2 à 2-1/2 pouces de diamètre
- 4 tasses de vinaigre (5%)
- 1-1/2 cuillères à café de sel de conserve ou de décapage
- 2 tasses de sucre
- 2 tasses d'eau
- 2 bâtons de cannelle
- 12 clous de girofle entiers
- 4 à 6 oignons (2 à 2-1/2 pouces de diamètre),

Rendement : environ 8 pintes

Directions:

a) Coupez les fanes des betteraves en laissant 1 pouce de tige et de racines pour éviter que la couleur ne dégorge.

b) Lavez soigneusement. Classer par taille. Couvrir des tailles similaires avec de l'eau bouillante et cuire jusqu'à tendreté (environ 25 à 30 minutes). Attention : Égoutter et jeter le liquide. Betteraves fraîches. Parage des racines et des tiges et bouture de peaux. Couper en tranches de 1/4 de pouce. Épluchez et émincez les oignons.

c) Mélangez le vinaigre, le sel, le sucre et l'eau fraîche. Mettez les épices dans un sac en étamine et ajoutez-les au mélange de vinaigre. Porter à ébullition. Ajouter les betteraves et les oignons. Laisser mijoter 5 minutes. Retirez le sac à épices.

d) Remplissez les bocaux chauds de betteraves et d'oignons, en laissant un espace libre de 1/2 pouce. Ajoutez une solution de vinaigre chaud, en laissant un espace libre de 1/2 pouce.

e) Retirez les bulles d'air et ajustez l'espace libre si nécessaire. Essuyez les

bords des bocaux avec une serviette en papier propre et humide.

f) Ajustez les couvercles et le processus.

44. Carottes marinées

Ingrédients:

- 2-3/4 lb de carottes pelées
- 5-1/2 tasses de vinaigre blanc (5%)
- 1 tasse d'eau
- 2 tasses de sucre
- 2 cuillères à café de sel de conserve
- 8 cuillères à café de graines de moutarde
- 4 cuillères à café de graines de céleri

Rendement : environ 4 pintes

Directions:

a) Lavez et épluchez les carottes. Couper en rondelles d'environ 1/2 pouce d'épaisseur.

b) Mélangez le vinaigre, l'eau, le sucre et le sel de conserve dans une cocotte ou une marmite de 8 litres. Portez à ébullition et faites bouillir pendant 3 minutes. Ajouter les carottes et ramener à ébullition. Réduisez ensuite le feu pour laisser mijoter et faites chauffer jusqu'à mi-cuisson (environ 10 minutes).

c) Pendant ce temps, placez 2 cuillères à café de graines de moutarde et 1 cuillère à café de graines de céleri dans chaque pot d'une pinte chaude vide. Remplissez les bocaux de carottes chaudes en laissant un espace libre de 1 pouce. Remplissez de liquide de décapage chaud en laissant un espace libre de 1/2 pouce.

d) Retirez les bulles d'air et ajustez l'espace libre si nécessaire. Essuyez les bords des bocaux avec une serviette en papier propre et humide.

e) Ajustez les couvercles et le processus.

45. Chou-fleur mariné / Bruxelles

Ingrédients:

- fleur de 1 à 2 pouces ou de petits choux de Bruxelles
- 4 tasses de vinaigre blanc (5%)
- 2 tasses de sucre
- 2 tasses d'oignons émincés
- 1 tasse de poivrons rouges doux coupés en dés
- 2 cuillères à soupe de graines de moutarde
- 1 cuillère à soupe de graines de céleri
- 1 cuillère à café de curcuma
- 1 cuillère à café de flocons de piment rouge

Rendement : environ 9 demi-pintes

Directions:

a) Lavez les fleurs de chou-fleur ou les choux de Bruxelles (enlevez les tiges et les feuilles extérieures tachées) et faites-les bouillir dans de l'eau salée (4 cuillères à café de sel de conserve par gallon d'eau) pendant 3 minutes pour le chou-fleur et 4 minutes pour les choux de Bruxelles. Égoutter et laisser refroidir.

b) Mélanger le vinaigre, le sucre, l'oignon, le poivron rouge coupé en dés et les épices dans une grande casserole. Porter à ébullition et laisser mijoter 5 minutes. Répartir l'oignon et le poivron coupé en dés dans les bocaux. Remplissez les bocaux chauds de morceaux et de solution de décapage, en laissant un espace libre de 1/2 pouce.

c) Retirez les bulles d'air et ajustez l'espace libre si nécessaire. Essuyez les bords des bocaux avec une serviette en papier propre et humide.

d) Ajustez les couvercles et le processus.

46. Salade de chayote et jicama

Ingrédients:

- 4 tasses de jicama en julienne
- 4 tasses de chayotte en julienne
- 2 tasses de poivron rouge haché
- 2 piments forts hachés
- 2-1/2 tasses d'eau
- 2-1/2 tasses de vinaigre de cidre (5%)
- 1/2 tasse de sucre blanc
- 3-1/2 cuillères à café de sel de conserve
- 1 cuillère à café de graines de céleri (facultatif)

Rendement : environ 6 demi-pintes

Directions:

a) Attention : portez des gants en plastique ou en caoutchouc et ne touchez pas votre visage lorsque vous manipulez ou coupez des piments forts. Si vous ne portez pas de gants, lavez-vous soigneusement les mains à l'eau et au savon avant de toucher votre visage ou vos yeux.

b) Lavez, épluchez et julienne finement le jicama et la chayotte, en jetant les graines de la chayotte. Dans une cocotte ou une marmite de 8 litres, mélanger tous les ingrédients sauf la chayotte. Porter à ébullition et laisser bouillir 5 minutes.

c) Réduire le feu et laisser mijoter et ajouter la chayotte. Ramenez à ébullition puis éteignez le feu. Remplissez les solides chauds dans des bocaux chauds d'une demi-pinte, en laissant 1/2 pouce espace libre.

d) Couvrir de liquide de cuisson bouillant en laissant un espace libre de 1/2 pouce.

e) Retirez les bulles d'air et ajustez l'espace libre si nécessaire. Essuyez les bords des bocaux avec une serviette en papier propre et humide.

f) Ajustez les couvercles et le processus.

47. Jicama mariné au pain et au beurre

Ingrédients:

- 14 tasses de jicama en cubes
- 3 tasses d'oignon émincé
- 1 tasse de poivron rouge haché
- 4 tasses de vinaigre blanc (5%)
- 4-1/2 tasses de sucre
- 2 cuillères à soupe de graines de moutarde
- 1 cuillère à soupe de graines de céleri
- 1 cuillère à café de curcuma moulu

Rendement : environ 6 pintes

Directions:

a) Mélangez le vinaigre, le sucre et les épices dans une cocotte de 12 litres ou une grande casserole. Remuer et porter à ébullition. Incorporer le jicama préparé, les tranches d'oignon et le poivron rouge. Remettre à ébullition, baisser le feu et laisser mijoter 5 minutes. Remuer de temps en temps.

b) Remplissez les solides chauds dans des bocaux chauds, en laissant un espace libre de 1/2 pouce. Couvrir de liquide de cuisson bouillant en laissant un espace libre de 1/2 pouce.

c) Retirez les bulles d'air et ajustez l'espace libre si nécessaire. Essuyez les bords des bocaux avec une serviette en papier propre et humide.

d) Ajustez les couvercles et le processus.

48. Champignons entiers marinés

Ingrédients:

- 7 lb de petits champignons entiers
- 1/2 tasse de jus de citron en bouteille
- 2 tasses d'huile d'olive ou de salade
- 2-1/2 tasses de vinaigre blanc (5%)
- 1 cuillère à soupe de feuilles d'origan
- 1 cuillère à soupe de feuilles de basilic séchées
- 1 cuillère à soupe de sel de conserve ou de décapage
- 1/2 tasse d'oignons hachés
- 1/4 tasse de piment en dés
- 2 gousses d'ail, coupées en quartiers
- 25 grains de poivre noir

Rendement : environ 9 demi-pintes

Directions:

a) Sélectionnez des champignons très frais non ouverts avec des chapeaux de moins de 1-1/4 pouce de diamètre. Laver. Coupez les tiges en laissant 1/4 de pouce attaché au capuchon. Ajouter le jus de citron et l'eau pour couvrir. Faire bouillir. Laisser mijoter 5 minutes. Égouttez les champignons.

b) Mélangez l'huile d'olive, le vinaigre, l'origan, le basilic et le sel dans une casserole. Incorporer les oignons et le piment et porter à ébullition.

c) Placez 1/4 de gousse d'ail et 2-3 grains de poivre dans un pot d'une demi-pinte. Remplissez les bocaux chauds de champignons et d'une solution huile/vinaigre chaude et bien mélangée, en laissant un espace libre de 1/2 pouce.

d) Retirez les bulles d'air et ajustez l'espace libre si nécessaire. Essuyez les bords des bocaux avec une serviette en papier propre et humide.

e) Ajustez les couvercles et le processus.

49. Gombo mariné à l'aneth

Ingrédients:

- 7 lb de petites gousses de gombo
- 6 petits piments forts
- 4 cuillères à café de graines d'aneth
- 8 à 9 gousses d'ail
- 2/3 tasse de sel de conserve ou de décapage
- 6 tasses d'eau
- 6 tasses de vinaigre (5%)

Rendement : environ 8 à 9 pintes

Directions:

a) Lavez et coupez le gombo. Remplissez fermement les bocaux chauds de gombo entier, en laissant un espace libre de 1/2 pouce. Placez 1 gousse d'ail dans chaque pot.

b) Mélanger le sel, les piments forts, les graines d'aneth, l'eau et le vinaigre dans une grande casserole et porter à ébullition. Versez la solution de décapage chaude sur le gombo, en laissant un espace libre de 1/2 pouce.

c) Retirez les bulles d'air et ajustez l'espace libre si nécessaire. Essuyez les bords des bocaux avec une serviette en papier propre et humide.

d) Ajustez les couvercles et le processus.

50. Oignons perlés marinés

Ingrédients:

- 8 tasses d'oignons perlés blancs pelés
- 5-1/2 tasses de vinaigre blanc (5%)
- 1 tasse d'eau
- 2 cuillères à café de sel de conserve
- 2 tasses de sucre
- 8 cuillères à café de graines de moutarde
- 4 cuillères à café de graines de céleri

Rendement : environ 3 à 4 pintes

Directions:

a) Pour éplucher les oignons, placez-en quelques-uns à la fois dans un panier ou une passoire en treillis métallique, plongez-les dans l'eau bouillante pendant 30 secondes, puis retirez-les et placez-les dans l'eau froide pendant 30 secondes. Coupez une tranche de 1/16e de pouce à partir de l'extrémité de la racine, puis retirez la peau et coupez 1/16e de pouce de l'autre extrémité de l'oignon.

b) Mélangez le vinaigre, l'eau, le sel et le sucre dans une cocotte ou une marmite de 8 litres. Portez à ébullition et faites bouillir pendant 3 minutes.

c) Ajouter les oignons épluchés et ramener à ébullition. Réduire le feu et laisser mijoter jusqu'à ce qu'il soit à moitié cuit (environ 5 minutes).

d) Pendant ce temps, placez 2 cuillères à café de graines de moutarde et 1 cuillère à café de graines de céleri dans chaque pot d'une pinte chaude vide. Remplissez d'oignons chauds en laissant un espace libre de 1 pouce. Remplissez de liquide de décapage chaud en laissant un espace libre de 1/2 pouce.

e) Retirez les bulles d'air et ajustez l'espace libre si nécessaire. Essuyez les bords des bocaux avec une serviette en papier propre et humide.

f) Ajustez les couvercles et le processus.

51. Poivrons marinés

Ingrédients:

- Cloche, hongroise, banane ou jalapeño
- 4 lb de poivrons fermes
- 1 tasse de jus de citron en bouteille
- 2 tasses de vinaigre blanc (5%)
- 1 cuillère à soupe de feuilles d'origan
- 1 tasse d'huile d'olive ou de salade
- 1/2 tasse d'oignons hachés
- 2 gousses d'ail, coupées en quartiers (facultatif)
- 2 cuillères à soupe de raifort préparé (facultatif)

Rendement : environ 9 demi-pintes

Directions:

a) Choisissez votre poivre préféré. Attention : si vous choisissez des piments forts, portez des gants en plastique ou en caoutchouc et ne touchez pas votre visage lorsque vous manipulez ou coupez des piments forts.

b) Lavez, coupez deux à quatre fentes dans chaque poivron et blanchissez-le dans de l'eau bouillante ou faites des ampoules sur la peau des piments forts à peau dure en utilisant l'une de ces deux méthodes :

c) Méthode au four ou au gril pour faire boursoufler les peaux - Placer les poivrons dans un four chaud (400 °F) ou sous le gril pendant 6 à 8 minutes jusqu'à ce que les peaux se boursouflent.

d) Méthode sur la cuisinière pour faire des cloques sur les peaux - Couvrir le brûleur chaud (à gaz ou électrique) avec un treillis métallique épais.

e) Placez les poivrons sur le feu pendant plusieurs minutes jusqu'à ce que la peau se boursoufle.

f) Après avoir fait des cloques sur la peau, placez les poivrons dans une poêle et couvrez d'un linge humide. (Cela facilitera l'épluchage des poivrons.) Laisser refroidir plusieurs minutes; peau de peaux. Aplatir les poivrons entiers.

g) Mélanger tous les ingrédients restants dans une casserole et porter à ébullition. Placez 1/4 de gousse d'ail (facultatif) et 1/4 cuillère à café de sel dans chaque pot chaud d'une demi-pinte ou 1/2 cuillère à café par pinte. Remplissez les bocaux chauds de poivrons. Ajouter l'huile/la solution de décapage chaude et bien mélangée sur les poivrons, en laissant un espace libre de 1/2 pouce.

h) Retirez les bulles d'air et ajustez l'espace libre si nécessaire. Essuyez les bords des bocaux avec une serviette en papier propre et humide.

i) Ajustez les couvercles et le processus.

52. Poivrons marinés

Ingrédients:

- 7 lb de poivrons fermes
- 3-1/2 tasses de sucre
- 3 tasses de vinaigre (5%)
- 3 tasses d'eau
- 9 gousses d'ail
- 4-1/2 cuillères à café de sel de conserve ou de décapage

Rendement : environ 9 pintes

Directions:

a) Lavez les poivrons, coupez-les en quartiers, retirez les noyaux et les graines et éliminez les imperfections. Coupez les poivrons en lanières. Faire bouillir le sucre, le vinaigre et l'eau pendant 1 minute.

b) Ajouter les poivrons et porter à ébullition. Placez 1/2 gousse d'ail et 1/4 cuillère à café de sel dans chaque pot d'une demi-pinte chaud et stérile; doublez les quantités pour les pots d'une pinte.

c) Ajouter les lanières de poivron et couvrir du mélange de vinaigre chaud, en laissant 1/2 pouce

53. Piments forts marinés

Ingrédients:

- Hongrois, banane, chili, jalapeño
- 4 lb de poivrons longs rouges, verts ou jaunes
- 3 lb de poivrons rouges et verts, mélangés
- 5 tasses de vinaigre (5%)
- 1 tasse d'eau
- 4 cuillères à café de sel de conserve ou de décapage
- 2 cuillères à soupe de sucre
- 2 gousses d'ail

Rendement : environ 9 pintes

Directions:

a) Attention : portez des gants en plastique ou en caoutchouc et ne touchez pas votre visage lorsque vous manipulez ou coupez des piments forts. Si vous ne portez pas de gants, lavez-vous soigneusement les mains à l'eau et au savon avant de toucher votre visage ou vos yeux.

b) Lavez les poivrons. Si les petits poivrons restent entiers, coupez-les de 2 à 4 fentes. Quart de gros poivrons.

c) Blanchir dans l'eau bouillante ou faire des cloques sur la peau des piments forts à peau dure en utilisant l'une de ces deux méthodes :

d) Méthode au four ou au gril pour faire boursoufler les peaux - Placer les poivrons dans un four chaud (400 °F) ou sous le gril pendant 6 à 8 minutes jusqu'à ce que les peaux se boursouflent.

e) Méthode sur la cuisinière pour faire des cloques sur les peaux - Couvrir le brûleur chaud (à gaz ou électrique) avec un treillis métallique épais.

f) Placez les poivrons sur le feu pendant plusieurs minutes jusqu'à ce que la peau se boursoufle.

g) Après avoir fait des cloques sur la peau, placez les poivrons dans une poêle et couvrez d'un linge humide. (Cela facilitera l'épluchage des poivrons.) Laisser refroidir plusieurs minutes; peau de peaux. Aplatir les petits poivrons. Quart de gros poivrons. Remplissez les bocaux chauds de poivrons en laissant un espace libre de 1/2 pouce.

h) Mélanger et porter les autres ingrédients à ébullition et laisser mijoter pendant 10 minutes. Retirez l'ail. Ajouter la solution de décapage chaude sur les poivrons, en laissant un espace libre de 1/2 pouce.

i) Retirez les bulles d'air et ajustez l'espace libre si nécessaire. Essuyez les bords des bocaux avec une serviette en papier propre et humide.

j) Ajustez les couvercles et le processus.

54. Rondelles de piment jalapeño mariné

Ingrédients:

- 3 lb de piments jalapeño
- 1-1/2 tasse de citron vert mariné
- 1-1/2 gallons d'eau
- 7-1/2 tasses de vinaigre de cidre (5%)
- 1-3/4 tasses d'eau
- 2-1/2 cuillères à soupe de sel de conserve
- 3 cuillères à soupe de graines de céleri
- 6 cuillères à soupe de graines de moutarde

Rendement : environ 6 pots d'une pinte

Directions:

a) Attention : portez des gants en plastique ou en caoutchouc et ne touchez pas votre visage lorsque vous manipulez ou coupez des piments forts.

b) Lavez bien les poivrons et coupez-les en tranches de 1/4 de pouce d'épaisseur. Jeter l'extrémité de la tige.

c) Mélangez 1-1/2 tasse de chaux décapante avec 1-1/2 gallons d'eau dans un récipient en acier inoxydable, en verre ou en plastique de qualité alimentaire. Évitez d'inhaler la poussière de chaux lorsque vous mélangez la solution chaux-eau.

d) Faire tremper les tranches de poivron dans l'eau de citron vert, au réfrigérateur, pendant 18 heures, en remuant de temps en temps (12 à 24 heures peuvent être utilisées). Égoutter la solution de citron vert des rondelles de poivre trempées.

e) Rincez doucement mais soigneusement les poivrons avec de l'eau. Couvrir les rondelles de poivron d'eau froide et laisser tremper au réfrigérateur pendant 1 heure. Égoutter l'eau des poivrons. Répétez les étapes de rinçage, de trempage et d'égouttage deux fois de plus. Bien égoutter à la fin.

f) Placez 1 cuillère à soupe de graines de moutarde et 1-1/2 cuillères à café de graines de céleri au fond de chaque pot d'une pinte chaude. Emballez les rondelles de poivron égouttées dans les bocaux, en laissant un espace libre de 1/2 pouce. Porter à ébullition le vinaigre de cidre, 1 3/4 tasse d'eau et le sel de conserve à feu vif. Versez la solution de saumure bouillante sur les rondelles de poivre dans les bocaux, en laissant un espace libre de 1/2 pouce.

g) Retirez les bulles d'air et ajustez l'espace libre si nécessaire. Essuyez les bords des bocaux avec une serviette en papier propre et humide.

h) Ajustez les couvercles et le processus.

55. Rondelles de poivron jaune mariné

Ingrédients:

- 2-1/2 à 3 lb de poivrons jaunes (banane)
- 2 cuillères à soupe de graines de céleri
- 4 cuillères à soupe de graines de moutarde
- 5 tasses de vinaigre de cidre (5%)
- 1-1/4 tasse d'eau
- 5 cuillères à café de sel de conserve

Rendement : environ 4 pots d'une pinte

Directions:

a) Lavez bien les poivrons et retirez le bout de la tige. trancher les poivrons en rondelles de 1/4 de pouce d'épaisseur. Placez 1/2 cuillère à soupe de graines de céleri et 1 cuillère à soupe de graines de moutarde au fond de chaque pot de pinte chaude vide.

b) Remplissez les rondelles de poivre dans les bocaux, en laissant un espace libre de 1/2 pouce. Dans une cocotte ou une casserole de 4 litres, mélanger le vinaigre de cidre, l'eau et le sel; porter à ébullition. Couvrir les rondelles de poivron avec le liquide de marinade bouillant, en laissant un espace libre de 1/2 pouce.

c) Retirez les bulles d'air et ajustez l'espace libre si nécessaire. Essuyez les bords des bocaux avec une serviette en papier propre et humide.

d) Ajustez les couvercles et le processus.

56. Tomates vertes sucrées marinées

Ingrédients :

- 10 à 11 lb de tomates vertes
- 2 tasses d'oignons tranchés
- 1/4 tasse de sel de conserve ou de décapage
- 3 tasses de cassonade
- 4 tasses de vinaigre (5%)
- 1 cuillère à soupe de graines de moutarde
- 1 cuillère à soupe de piment de la Jamaïque
- 1 cuillère à soupe de graines de céleri
- 1 cuillère à soupe de clous de girofle entiers

Rendement : environ 9 pintes

Directions :

a) Lavez et coupez en tranches les tomates et les oignons. Placer dans un bol, saupoudrer de 1/4 tasse de sel et laisser reposer 4 à 6 heures. Vidange. Chauffer et incorporer le sucre dans le vinaigre jusqu'à dissolution.

b) Attachez les graines de moutarde, le piment de la Jamaïque, les graines de céleri et les clous de girofle dans un sac à épices. Ajouter au vinaigre avec les tomates et les oignons. Si nécessaire, ajoutez un minimum d'eau pour couvrir les morceaux. Porter à ébullition et laisser mijoter 30 minutes en remuant si nécessaire pour éviter de brûler. Les tomates doivent être tendres et transparentes lorsqu'elles sont bien cuites.

c) Retirez le sac à épices. Remplissez le pot chaud de solides et couvrez-le de solution de décapage chaude, en laissant un espace libre de 1/2 pouce.

d) Retirez les bulles d'air et ajustez l'espace libre si nécessaire. Essuyez les bords des bocaux avec une serviette en papier propre et humide.

e) Ajustez les couvercles et le processus.

57. Mélange de légumes marinés

Ingrédients:

- 4 lb de concombres marinés de 4 à 5 pouces
- 2 lb de petits oignons pelés et coupés en quartiers
- 4 tasses de céleri coupé (morceaux de 1 pouce)
- 2 tasses de carottes pelées et coupées (morceaux de 1/2 pouce)
- 2 tasses de poivrons rouges coupés (en morceaux de 1/2 pouce)
- 2 tasses de fleurs de chou - fleur
- 5 tasses de vinaigre blanc (5%)
- 1/4 tasse de moutarde préparée
- 1/2 tasse de sel de conserve ou de décapage
- 3-1/2 tasses de sucre
- 3 cuillères à soupe de graines de céleri
- 2 cuillères à soupe de graines de moutarde

- 1/2 cuillères à café de clous de girofle entiers
- 1/2 cuillère à café de curcuma moulu

Rendement : environ 10 pintes

Directions:

a) Mélanger les légumes, couvrir de 2 pouces de glace en cubes ou pilée et réfrigérer 3 à 4 heures. Dans une bouilloire de 8 litres, mélanger le vinaigre et la moutarde et bien mélanger. Ajouter le sel, le sucre, les graines de céleri, les graines de moutarde, les clous de girofle et le curcuma. Porter à ébullition. Égouttez les légumes et ajoutez-les à la solution de décapage chaude.

b) Couvrir et porter lentement à ébullition. Égouttez les légumes mais conservez la solution de marinade. Remplissez les légumes dans des pots de pinte stériles chauds ou des litres chauds, en laissant un espace libre de 1/2 pouce. Ajoutez une solution de décapage en laissant un espace libre de 1/2 pouce.

c) Retirez les bulles d'air et ajustez l'espace libre si nécessaire. Essuyez les bords des bocaux avec une serviette en papier propre et humide.

d) Ajustez les couvercles et le processus.

58. Courgettes marinées au pain et au beurre

Ingrédients:

- 16 tasses de courgettes fraîches, tranchées
- 4 tasses d'oignons, tranchés finement
- 1/2 tasse de sel de conserve ou de décapage
- 4 tasses de vinaigre blanc (5%)
- 2 tasses de sucre
- 4 cuillères à soupe de graines de moutarde
- 2 cuillères à soupe de graines de céleri
- 2 cuillères à café de curcuma moulu

Rendement : environ 8 à 9 pintes

Directions:

a) Couvrir les tranches de courgettes et d'oignons avec 1 pouce d'eau et du sel. Laisser reposer 2 heures et égoutter soigneusement. Mélangez le vinaigre, le sucre et les épices. Portez à ébullition et ajoutez les courgettes et les oignons. Laisser mijoter 5 minutes et remplir les bocaux chauds avec le mélange et la solution de décapage, en laissant un espace libre de 1/2 pouce.

b) Retirez les bulles d'air et ajustez l'espace libre si nécessaire. Essuyez les bords des bocaux avec une serviette en papier propre et humide.

c) Ajustez les couvercles et procédez.

59. Relish chayotte et poire

Ingrédients:

- 3 1/2 tasses de chayotte pelée et coupée en cubes
- 3 1/2 tasses de poires Seckel pelées et coupées en cubes
- 2 tasses de poivron rouge haché
- 2 tasses de poivron jaune haché
- 3 tasses d'oignon haché
- 2 piments Serrano, hachés
- 2-1/2 tasses de vinaigre de cidre (5%)
- 1-1/2 tasse d'eau
- 1 tasse de sucre blanc
- 2 cuillères à café de sel de conserve
- 1 cuillère à café de piment de la Jamaïque moulu
- 1 cuillère à café d'épices pour tarte à la citrouille moulues

Rendement : environ 5 pots d'une pinte

Directions:

a) Lavez, épluchez et coupez la chayote et les poires en Cubes de 1/2 pouce, en jetant les noyaux et les graines. Hachez les oignons et les poivrons. Mélangez le vinaigre, l'eau, le sucre, le sel et les épices dans une cocotte ou une grande casserole. Porter à ébullition en remuant pour dissoudre le sucre.

b) Ajouter les oignons et les poivrons hachés; remettre à ébullition et faire bouillir pendant 2 minutes en remuant de temps en temps.

c) Ajouter la chayotte et les poires en cubes; revenir au point d'ébullition et éteindre le feu. Remplissez les solides chauds dans des bocaux chauds, en laissant un espace libre de 1 pouce. Couvrir de liquide de cuisson bouillant en laissant un espace libre de 1/2 pouce.

d) Retirez les bulles d'air et ajustez l'espace libre si nécessaire. Essuyez les bords des bocaux avec une serviette en papier propre et humide.

e) Ajustez les couvercles et le processus.

60. Piccalilli

Ingrédients:

- 6 tasses de tomates vertes hachées
- 1-1/2 tasse de poivrons rouges hachés
- 1-1/2 tasse de poivrons verts hachés
- 2-1/4 tasses d'oignons hachés
- 7-1/2 tasses de chou haché
- 1/2 tasse de sel de conserve ou de décapage
- 3 cuillères à soupe d'épices pour marinades entières mélangées
- 4-1/2 tasses de vinaigre (5%)
- 3 tasses de cassonade

Rendement : environ 9 demi-pintes

Directions:

a) Lavez, hachez et mélangez les légumes avec 1/2 tasse de sel. Couvrir d'eau chaude et laisser reposer 12 heures.

Égoutter et presser avec un chiffon blanc propre pour éliminer tout le liquide possible. Attachez les épices sans serrer dans un sac à épices et ajoutez-les au vinaigre et à la cassonade combinés et portez à ébullition dans une casserole.

b) Ajouter les légumes et faire bouillir doucement pendant 30 minutes ou jusqu'à ce que le volume du mélange soit réduit de moitié. Retirez le sac à épices.

c) Remplissez les bocaux stériles chauds avec le mélange chaud, en laissant un espace libre de 1/2 pouce.

d) Retirez les bulles d'air et ajustez l'espace libre si nécessaire. Essuyez les bords des bocaux avec une serviette en papier propre et humide.

e) Ajustez les couvercles et le processus.

61. relish aux cornichons

Ingrédients:

- 3 litres de concombres hachés
- 3 tasses chacun de poivrons verts et rouges hachés
- 1 tasse d'oignons hachés
- 3/4 tasse de sel de conserve ou de décapage
- 4 tasses de glace
- 8 tasses d'eau
- 2 tasses de sucre
- 4 cuillères à café de graines de moutarde, de curcuma, de piment de la Jamaïque entier et de clous de girofle entiers
- 6 tasses de vinaigre blanc (5%)

Rendement : environ 9 pintes

Directions:

a) Ajouter les concombres, les poivrons, les oignons, le sel et la glace à l'eau et laisser reposer 4 heures. Égoutter et recouvrir les légumes avec de l'eau fraîche glacée pendant encore une heure. Égoutter à nouveau.

b) Mélangez les épices dans un sac à épices ou en étamine. Ajoutez des épices au sucre et au vinaigre. Porter à ébullition et verser le mélange sur les légumes.

c) Couvrir et réfrigérer 24 heures. Chauffer le mélange à ébullition et verser chaud dans des bocaux chauds, en laissant un espace libre de 1/2 pouce.

d) Retirez les bulles d'air et ajustez l'espace libre si nécessaire. Essuyez les bords des bocaux avec une serviette en papier propre et humide.

e) Ajustez les couvercles et le processus.

62. Relish de maïs mariné

Ingrédients:

- 10 tasses de maïs frais à grains entiers
- 2-1/2 tasses de poivrons rouges doux coupés en dés
- 2-1/2 tasses de poivrons verts doux coupés en dés
- 2-1/2 tasses de céleri haché
- 1-1/4 tasse d'oignons coupés en dés
- 1-3/4 tasses de sucre
- 5 tasses de vinaigre (5%)
- 2-1/2 cuillères à soupe de sel de conserve ou de décapage
- 2-1/2 cuillères à café de graines de céleri
- 2-1/2 cuillères à soupe de moutarde sèche
- 1-1/4 cuillères à café de curcuma

Rendement : environ 9 pintes

Directions:

a) Faire bouillir les épis de maïs 5 minutes. Tremper dans l'eau froide. Coupez les grains entiers de l'épi ou utilisez six paquets de maïs surgelés de 10 onces.

b) Mélangez les poivrons, le céleri, les oignons, le sucre, le vinaigre, le sel et les graines de céleri dans une casserole.

c) Porter à ébullition et laisser mijoter 5 minutes en remuant de temps en temps. Mélanger la moutarde et le curcuma dans 1/2 tasse du mélange mijoté. Ajoutez ce mélange et le maïs au mélange chaud.

d) Laisser mijoter encore 5 minutes. Si vous le souhaitez, épaississez le mélange avec de la pâte de graisse (1/4 tasse de graisse mélangée à 1/4 tasse d'eau) et remuez fréquemment. Remplissez les bocaux chauds avec le mélange chaud, en laissant un espace libre de 1/2 pouce.

e) Retirez les bulles d'air et ajustez l'espace libre si nécessaire. Essuyez les

bords des bocaux avec une serviette en papier propre et humide.

f) Ajustez les couvercles et le processus.

63. Relish aux tomates vertes marinées

Ingrédients:

- 10 lb de petites tomates vertes dures
- 1-1/2 lb de poivrons rouges
- 1-1/2 lb de poivrons verts
- 2 lb d'oignons
- 1/2 tasse de sel de conserve ou de décapage
- 1 litre d'eau
- 4 tasses de sucre
- 1 litre de vinaigre (5%)
- 1/3 tasse de moutarde jaune préparée
- 2 cuillères à soupe de fécule de maïs

Rendement : environ 7 à 9 pintes

Directions:

a) Lavez et râpez ou hachez grossièrement les tomates, les poivrons et les oignons.

Dissoudre le sel dans l'eau et verser sur les légumes dans une grande bouilloire. Porter à ébullition et laisser mijoter 5 minutes. Égoutter dans une passoire. Remettez les légumes dans la bouilloire.

b) Ajoutez le sucre, le vinaigre, la moutarde et la fécule de maïs. Remuer pour mélanger. Porter à ébullition et laisser mijoter 5 minutes.

c) Remplissez les pots d'une pinte stériles chauds avec de la relish chaude, en laissant un espace libre de 1/2 pouce.

d) Retirez les bulles d'air et ajustez l'espace libre si nécessaire. Essuyez les bords des bocaux avec une serviette en papier propre et humide.

e) Ajustez les couvercles et le processus.

64. Sauce au raifort mariné

Ingrédients :

- 2 tasses (3/4 lb) de raifort fraîchement râpé
- 1 tasse de vinaigre blanc (5%)
- 1/2 cuillère à café de sel de conserve ou de décapage
- 1/4 cuillère à café d'acide ascorbique en poudre

Rendement : environ 2 demi-pintes

Directions :

a) Le piquant du raifort frais s'estompe en 1 à 2 mois, même au réfrigérateur. Par conséquent, n'en préparez que de petites quantités à la fois.

b) Lavez soigneusement les racines de raifort et pelez la peau extérieure brune. Les racines pelées peuvent être râpées dans un robot culinaire ou coupées en petits cubes et passées dans un hachoir.

c) Mélanger les ingrédients et verser dans des bocaux stériles, en laissant un espace libre de 1/4 de pouce.

d) Fermez hermétiquement les bocaux et conservez-les au réfrigérateur.

65. Relish aux poivrons et oignons marinés

Ingrédients:

- 6 tasses d'oignons hachés
- 3 tasses de poivrons rouges hachés
- 3 tasses de poivrons verts hachés
- 1-1/2 tasse de sucre
- 6 tasses de vinaigre (5%), de préférence blanc distillé
- 2 cuillères à soupe de sel de conserve ou de décapage

Rendement : environ 9 demi-pintes

Directions:

a) Lavez et hachez les légumes. Mélanger tous les ingrédients et faire bouillir doucement jusqu'à ce que le mélange épaississe et que le volume soit réduit de moitié (environ 30 minutes).

b) Remplissez les bocaux stériles chauds de relish chaude, en laissant un espace libre de 1/2 pouce, et fermez hermétiquement.

c) Conserver au réfrigérateur et utiliser dans un délai d'un mois.

66. Relish épicée au jicama

Ingrédients:

- 9 tasses de jicama coupé en dés
- 1 cuillère à soupe d'épices pour marinades entières mélangées
- 1 bâton de cannelle de deux pouces
- 8 tasses de vinaigre blanc (5%)
- 4 tasses de sucre
- 2 cuillères à café de poivron rouge broyé
- 4 tasses de poivron jaune coupé en dés
- 4-1/2 tasses de poivron rouge coupé en dés
- 4 tasses d'oignon haché
- 2 gingembre frais - piments forts (environ 6 pouces chacun), hachés et partiellement épépinés

Rendement : environ 7 pots d'une pinte

Directions:

a) Attention : portez des gants en plastique ou en caoutchouc et ne touchez pas votre visage lorsque vous manipulez ou coupez des piments forts. Lavez, épluchez et coupez le jicama ; dé.

b) Placez les épices pour marinades et la cannelle sur un morceau de gaze 100 % coton propre, double couche, de 6 pouces carrés.

c) Rassemblez les coins et attachez-les avec une ficelle propre. (Ou utilisez un sac à épices en mousseline acheté.)

d) Dans une cocotte ou une casserole de 4 litres, mélanger le sac d'épices pour marinades, le vinaigre, le sucre et le poivron rouge broyé. Porter à ébullition en remuant pour dissoudre le sucre. Incorporer le jicama coupé en dés, les poivrons doux, l'oignon et le gingembre – piquant . Remettre le mélange à ébullition.

e) Réduire le feu et laisser mijoter, à couvert, à feu moyen-doux pendant environ 25 minutes. Jeter le sac à épices. Remplissez la relish dans des bocaux chauds, en laissant un espace libre de 1/2 pouce. Couvrir de liquide de décapage chaud, en laissant un espace libre de 1/2 pouce.

f) Retirez les bulles d'air et ajustez l'espace libre si nécessaire. Essuyez les bords des bocaux avec une serviette en papier propre et humide.

g) Ajustez les couvercles et le processus.

67. Relish piquante aux tomates

Ingrédients:

- 12 tasses de tomatilles hachées
- 3 tasses de jicama haché
- 3 tasses d'oignon haché
- 6 tasses de tomates prunes hachées
- 1-1/2 tasse de poivron vert haché
- 1-1/2 tasse de poivron rouge haché
- 1-1/2 tasse de poivron jaune haché
- 1 tasse de sel de conserve
- 2 litres d'eau
- 6 cuillères à soupe d'épices pour marinades entières mélangées
- 1 cuillère à soupe de lacs de poivron rouge broyé (facultatif)
- 6 tasses de sucre
- 6-1/2 tasses de vinaigre de cidre (5%)

Rendement : environ 6 ou 7 pintes

Directions:

a) Retirez les coques des tomatilles et lavez-les bien. Épluchez le jicama et l'oignon. Lavez bien tous les légumes avant de les couper et de les hacher.

b) Placez les tomatilles hachées, le jicama, l'oignon, les tomates et tous les poivrons dans une cocotte ou une casserole de 4 litres. Dissoudre le sel de conserve dans l'eau. Verser sur les légumes préparés. Chauffer jusqu'à ébullition; laisser mijoter 5 minutes.

c) Égoutter soigneusement à travers une passoire recouverte d'une étamine (jusqu'à ce qu'il n'y ait plus d'eau qui coule, environ 15 à 20 minutes).

d) Placez les épices à marinade et les flocons de piment rouge facultatifs sur un morceau propre à double couche de 6 pouces carrés.

68. Betteraves marinées sans sucre ajouté

Ingrédients:

- 7 livres de betteraves de 2 à 2-1/2 pouces de diamètre
- 4 à 6 oignons (2 à 2-1/2 pouces de diamètre), si désiré
- 6 tasses de vinaigre blanc (5 pour cent)
- 1-1/2 cuillères à café de sel de conserve ou de décapage
- 2 tasses de Splenda
- 3 tasses d'eau
- 2 bâtons de cannelle
- 12 clous de girofle entiers

Rendement : environ 8 pintes

Directions:

a) Coupez les fanes des betteraves en laissant 1 pouce de tige et de racines pour éviter que la couleur ne dégorge. Lavez soigneusement. Classer par taille.

b) Couvrir des tailles similaires avec de l'eau bouillante et cuire jusqu'à tendreté (environ 25 à 30 minutes). Attention : Égoutter et jeter le liquide. Betteraves fraîches.

c) Parage des racines et des tiges et bouture de peaux. Couper en tranches de 1/4 de pouce. Épluchez, lavez et émincez finement les oignons.

d) Mélangez le vinaigre, le sel, le Splenda® et 3 tasses d'eau fraîche dans une grande cocotte. Attachez les bâtons de cannelle et les clous de girofle dans un sac en étamine et ajoutez-les au mélange de vinaigre.

e) Porter à ébullition. Ajouter les betteraves et les oignons. Mijoter

f) 5 minutes. Retirez le sac à épices. Remplissez les betteraves chaudes et les tranches d'oignon dans des bocaux chauds, en laissant un espace libre de

1/2 pouce. Couvrir d'une solution de vinaigre bouillante, en laissant un espace libre de 1/2 pouce.

g) Retirez les bulles d'air et ajustez l'espace libre si nécessaire. Essuyez les bords des bocaux avec une serviette en papier propre et humide.

h) Ajustez les couvercles et le processus.

69. Concombre cornichon sucré

Ingrédients :

- 3-1/2 lb de concombres marinés
- eau bouillante pour couvrir les tranches de concombre
- 4 tasses de vinaigre de cidre (5%)
- 1 tasse d'eau
- 3 tasses de Splenda®
- 1 cuillère à soupe de sel de conserve
- 1 cuillère à soupe de graines de moutarde
- 1 cuillère à soupe de piment de la Jamaïque entier
- 1 cuillère à soupe de graines de céleri
- 4 bâtons de cannelle d'un pouce

Rendement : environ 4 ou 5 pots d'une pinte

Directions:

a) Lavez les concombres. Coupez 1/16e de pouce des extrémités des fleurs et jetez-les. Coupez les concombres en tranches de 1/4 de pouce d'épaisseur. Versez de l'eau bouillante sur les tranches de concombre et laissez reposer 5 à 10 minutes.

b) Égoutter l'eau chaude et verser de l'eau froide sur les concombres. Laissez couler de l'eau froide en continu sur les tranches de concombre ou changez l'eau fréquemment jusqu'à ce que les concombres soient refroidis. Bien égoutter les tranches.

c) Mélangez le vinaigre, 1 tasse d'eau, le Splenda® et toutes les épices dans une cocotte ou une marmite de 10 litres. Porter à ébullition. Ajouter délicatement les tranches de concombre égouttées au liquide bouillant et remettre à ébullition.

d) Placez un bâton de cannelle dans chaque pot chaud vide, si vous le souhaitez. Remplissez les tranches de cornichons chauds dans des bocaux chauds, en laissant un espace libre de 1/2 pouce. Couvrir de saumure bouillante, en laissant un espace libre de 1/2 pouce.

e) Retirez les bulles d'air et ajustez l'espace libre si nécessaire. Essuyez les bords des bocaux avec une serviette en papier propre et humide.

f) Ajustez les couvercles et le processus.

70. à l'aneth tranchés

Ingrédients:

- 4 lb (3 à 5 pouces) de concombres marinés
- 6 tasses de vinaigre (5%)
- 6 tasses de sucre
- 2 cuillères à soupe de sel de conserve ou de décapage
- 1-1/2 cuillères à café de graines de céleri
- 1-1/2 cuillères à café de graines de moutarde
- 2 gros oignons, tranchés finement
- 8 têtes d'aneth frais

Rendement : environ 8 pintes

Directions:

a) Lavez les concombres. Coupez une tranche de 1/16 de pouce de l'extrémité de la fleur et jetez-la. Coupez les concombres en tranches de 1/4 de pouce. Mélangez le vinaigre, le sucre, le sel, le céleri et les graines de moutarde dans une grande casserole. Porter le mélange à ébullition.

b) Placez 2 tranches d'oignon et 1/2 tête d'aneth au fond de chaque pot d'une pinte chaude. Remplissez les bocaux chauds de tranches de concombre, en laissant un espace libre de 1/2 pouce.

c) Ajoutez 1 tranche d'oignon et 1/2 tête d'aneth sur le dessus. Versez la solution de décapage chaude sur les concombres, en laissant un espace libre de 1/4 de pouce.

d) Retirez les bulles d'air et ajustez l'espace libre si nécessaire. Essuyez les bords des bocaux avec une serviette en papier propre et humide.

e) Ajustez les couvercles et le processus.

71. Cornichons sucrés léchés

Ingrédients:

- 4 lb (3 à 4 pouces) de concombres marinés

Solution de saumurage :

- 1 litre de vinaigre blanc distillé (5%)
- 1 cuillère à soupe de sel de conserve ou de décapage
- 1 cuillère à soupe de graines de moutarde
- 1/2 tasse de sucre

Sirop de conserve :

- 1-2/3 tasses de vinaigre blanc distillé (5%)
- 3 tasses de sucre
- 1 cuillère à soupe de piment de la Jamaïque entier
- 2-1/4 cuillères à café de graines de céleri

Rendement : environ 4 à 5 pintes

Directions:

a) Lavez les concombres, coupez 1/16 de pouce du bout de la fleur et jetez-le. Coupez les concombres en tranches de 1/4 de pouce. Mélanger tous les ingrédients du sirop en conserve dans une casserole et porter à ébullition. Gardez le sirop au chaud jusqu'à utilisation.

b) Dans une grande bouilloire, mélangez les ingrédients de la solution de saumurage. Ajouter les concombres coupés, couvrir et laisser mijoter jusqu'à ce que les concombres changent de couleur du vert vif au vert terne (environ 5 à 7 minutes). Égouttez les tranches de concombre.

c) Remplissez les bocaux chauds et couvrez de sirop de conserve chaud en laissant un espace libre de 1/2 pouce.

d) Retirez les bulles d'air et ajustez l'espace libre si nécessaire. Essuyez les bords des bocaux avec une serviette en papier propre et humide.

e) Ajustez les couvercles et le processus.

CONFITURES ET GELÉES

72. Confiture de pommes

Ingrédients:

- de poires pelées, évidées et hachées
- de pommes pelées, épépinées et hachées
- 6-1/2 tasses de sucre
- 1/4 cuillère à café de cannelle moulue
- 1/3 tasse de jus de citron en bouteille
- 6 onces de pectine liquide

Rendement : environ 7 à 8 demi-pintes

Directions:

a) Écrasez les pommes et les poires dans une grande casserole et incorporez la cannelle.

b) Mélangez soigneusement le sucre et le jus de citron avec les fruits et portez à ébullition à feu vif en remuant constamment. Incorporer immédiatement la pectine. Porter à ébullition complète et faire bouillir fort pendant 1 minute en remuant constamment.

c) Retirer du feu, écumer rapidement la mousse et remplir les pots stériles en laissant un espace libre de 1/4 de pouce. Essuyez les bords des bocaux avec une serviette en papier propre et humide.

d) Ajustez les couvercles et le processus.

73. Gelée fraise-rhubarbe

Ingrédients:

- 1-1/2 lb de tiges rouges de rhubarbe
- 1-1/2 litre de fraises mûres
- 1/2 cuillères à café de beurre ou de margarine pour réduire la mousse (facultatif)
- 6 tasses de sucre
- 6 onces de pectine liquide

Rendement : environ 7 demi-pintes

Directions:

a) Lavez et coupez la rhubarbe en morceaux de 1 pouce et mélangez ou broyez. Lavez, équeutez et écrasez les fraises, une couche à la fois, dans une casserole.

b) Placez les deux fruits dans un sac de gelée ou une double couche de gaze et pressez doucement le jus. Mesurez 3 1/2 tasses de jus dans une grande casserole. Ajouter le beurre et le sucre en mélangeant soigneusement au jus.

c) Porter à ébullition à feu vif en remuant constamment. Incorporer immédiatement la pectine. Porter à ébullition complète et faire bouillir fort pendant 1 minute en remuant constamment.

d) Retirer du feu, écumer rapidement la mousse et remplir des pots stériles en laissant un espace libre de 1/4 de pouce. Essuyez les bords des bocaux avec une serviette en papier propre et humide.

e) Ajustez les couvercles et le processus.

74. Confiture de myrtille et d'épices

Ingrédients:

- 2-1/2 pintes de myrtilles mûres
- 1 cuillère à soupe de jus de citron
- 1/2 cuillère à café de muscade moulue ou de cannelle
- 5-1/2 tasses de sucre
- 3/4 tasse d'eau
- 1 boîte (1-3/4 oz) de pectine en poudre

Rendement : environ 5 demi-pintes

Directions:

a) Lavez et écrasez soigneusement les myrtilles, une couche à la fois, dans une casserole. Ajoutez le jus de citron, les épices et l'eau. Incorporer la pectine et porter à ébullition à feu vif, en remuant fréquemment.

b) Ajoutez le sucre et remettez à ébullition. Faire bouillir fort pendant 1 minute en remuant constamment.

c) Retirer du feu, écumer rapidement la mousse et remplir des pots stériles en laissant un espace libre de 1/4 de pouce. Essuyez les bords des bocaux avec une serviette en papier propre et humide.

d) Ajustez les couvercles et le processus.

75. Gelée raisin-prune

Ingrédients:

- 3-1/2 lb de prunes mûres
- 3 lb de raisins Concord mûrs
- 1 tasse d'eau
- 1/2 cuillères à café de beurre ou de margarine pour réduire la mousse (facultatif)
- 8-1/2 tasses de sucre
- 1 boîte (1-3/4 oz) de pectine en poudre

Rendement : environ 10 demi-pintes

Directions:

a) Laver et dénoyauter les prunes ; ne pèle pas. Écrasez soigneusement les prunes et les raisins, une couche à la fois, dans une casserole avec de l'eau. Portez à ébullition, couvrez et laissez mijoter 10 minutes.

b) Filtrer le jus à travers un sac de gelée ou une double couche de gaze. Mesurez le sucre et réservez.

c) Mélanger 6 1/2 tasses de jus avec le beurre et la pectine dans une grande casserole. Porter à ébullition à feu vif en remuant constamment. Ajoutez le sucre et remettez à ébullition. Faire bouillir fort pendant 1 minute en remuant constamment.

d) Retirer du feu, écumer rapidement la mousse et remplir des pots stériles en laissant un espace libre de 1/4 de pouce. Essuyez les bords des bocaux avec une serviette en papier propre et humide.

e) Ajustez les couvercles et le processus.

76. Gelée de poivre doré

Ingrédients:

- 5 tasses de poivrons jaunes hachés
- ½ tasse de piments Serrano hachés
- 1-1/2 tasse de vinaigre blanc distillé (5%)
- 5 tasses de sucre
- 1 sachet (3 oz) de pectine liquide

Rendement : environ 5 pots d'une demi-pinte

Directions:

a) Lavez soigneusement tous les poivrons; retirez les tiges et les graines des poivrons. Placez les piments doux et forts dans un mélangeur ou un robot culinaire.

b) Ajoutez suffisamment de vinaigre pour réduire les poivrons en purée, puis réduisez-les en purée. Mélangez la purée de poivre et de vinaigre et le reste du vinaigre dans une casserole de 8 ou 10 litres. Porter à ébullition; puis faites bouillir 10 minutes pour extraire les arômes et la couleur.

c) Retirer du feu et filtrer à travers un sac de gelée dans un bol. (Le sac de gelée est préférable ; plusieurs couches de gaze peuvent également être utilisées.)

d) Mesurez 2-1/4 tasses de jus de poivre et de vinaigre filtré dans la casserole. Incorporer le sucre jusqu'à dissolution et remettre le mélange à ébullition. Ajouter la pectine, porter à nouveau à ébullition et faire bouillir fort pendant 1 minute en remuant constamment.

e) Retirer du feu, écumer rapidement toute mousse et verser dans des bocaux stériles, en laissant un espace libre de 1/4 de pouce. Essuyez les bords des bocaux avec une serviette en papier propre et humide.

f) Ajustez les couvercles et le processus.

77. Tartinade pêche-ananas

Ingrédients:

- 4 tasses de pulpe de pêche égouttée
- 2 tasses d'ananas écrasé, non sucré, égoutté
- 1/4 tasse de jus de citron en bouteille
- 2 tasses de sucre (facultatif)

Rendement : 5 à 6 demi-pintes

Directions:

a) Lavez soigneusement 4 à 6 livres de pêches fermes et mûres. Bien égoutter. Peler et retirer les noyaux. Broyez la chair des fruits avec une lame moyenne ou grossière, ou écrasez-la avec une fourchette (n'utilisez pas de mixeur).

b) Placez les fruits moulus ou écrasés dans une casserole de 2 litres. Chauffer lentement pour libérer le jus, en remuant constamment, jusqu'à ce que les fruits soient tendres.

c) Placez les fruits cuits dans un sac à gelée ou une passoire recouverte de quatre couches de gaze. Laissez le jus s'égoutter environ 15 minutes. Conservez le jus pour la gelée ou d'autres utilisations.

d) Mesurez 4 tasses de pulpe de fruit égouttée pour faire de la tartinade. Mélangez les 4 tasses de pulpe, l'ananas et le jus de citron dans une casserole de 4 litres. Ajoutez jusqu'à 2 tasses de sucre, si vous le souhaitez, et mélangez bien. Chauffer et faire bouillir doucement pendant 10 à 15 minutes, en remuant suffisamment pour éviter de coller.

e) Remplissez rapidement les bocaux chauds en laissant un espace libre de 1/4 de pouce. Essuyez les bords des bocaux avec une serviette en papier propre et humide.

f) Ajustez les couvercles et le processus.

78. Tartinade de pommes réfrigérée

Ingrédients:

- 2 cuillères à soupe de poudre de gélatine sans saveur
- 1 bouteille de jus de pomme non sucré
- 2 cuillères à soupe de jus de citron en bouteille
- 2 cuillères à soupe d'édulcorant liquide hypocalorique Colorant alimentaire, si désiré

Rendement : 4 demi-pintes

Directions:

a) Dans une casserole, ramollir la gélatine dans les jus de pomme et de citron. Pour dissoudre la gélatine, porter à ébullition et laisser bouillir pendant 2 minutes. Retirer du feu. Incorporer l'édulcorant et le colorant alimentaire, si vous le souhaitez.

b) Remplissez les bocaux en laissant un espace libre de 1/4 de pouce. Essuyez les bords des bocaux avec une serviette en papier propre et humide. Ajustez les couvercles. Ne pas transformer ni congeler.

c) Conserver au réfrigérateur et utiliser dans les 4 semaines.

79. Tartinade de raisin au réfrigérateur

Ingrédients:

- 2 cuillères à soupe de poudre de gélatine sans saveur
- 1 bouteille (24 oz) de jus de raisin non sucré
- 2 cuillères à soupe de jus de citron en bouteille
- 2 cuillères à soupe d'édulcorant liquide hypocalorique

Rendement : 3 demi-pintes

Directions:

a) Dans une casserole, ramollir la gélatine dans les jus de raisin et de citron. Porter à ébullition pour dissoudre la gélatine. Faire bouillir 1 minute et retirer du feu. Incorporer l'édulcorant.

b) Remplissez rapidement les bocaux chauds en laissant un espace libre de 1/4 de pouce. Essuyez les bords des bocaux avec une serviette en papier propre et humide.

c) Ajustez les couvercles. Ne pas transformer ni congeler.

d) Conserver au réfrigérateur et utiliser dans les 4 semaines.

80. Gelée de Pomme sans Pectine Ajoutée

Ingrédients:

- 4 tasses de jus de pomme
- 2 cuillères à soupe de jus de citron filtré, si désiré
- 3 tasses de sucre

Donne 4 à 5 pots d'une demi-pinte.

Directions:

a) Pour préparer du jus. Utilisez une proportion d'un quart de pommes pas assez mûres pour trois quarts de fruits acidulés bien mûrs.

b) Trier, laver et retirer les extrémités des tiges et des fleurs ; ne pas éplucher ou creuser. Coupez les pommes en petits morceaux. Ajouter l'eau, couvrir et porter à ébullition à feu vif. Baisser le feu et laisser mijoter 20 à 25 minutes ou jusqu'à ce que les pommes soient tendres. Extraire le jus.

c) Pour faire de la gelée. Mesurez le jus de pomme dans une bouilloire. Ajoutez le jus de citron et le sucre et mélangez bien. Faire bouillir à feu vif jusqu'à 8 °F au-dessus du point d'ébullition de l'eau, ou jusqu'à ce que le mélange de gelée tombe dans une feuille d'une cuillère.

d) Retirer du feu; écumer rapidement la mousse. Versez immédiatement la gelée dans des bocaux chauds et stériles jusqu'à $\frac{1}{4}$ de pouce du haut. Sceller et traiter 5 minutes au bain-marie bouillant.

81. Marmelade de pommes sans pectine ajoutée

Ingrédients:

- 8 tasses de pommes tranchées finement
- 1 orange
- 1$\frac{1}{2}$ tasse d'eau
- 5 tasses de sucre
- 2 cuillères à soupe de jus de citron

Directions:

a) Préparer des fruits. Sélectionnez des pommes acidulées. Lavez, parez, coupez en quartiers et épépinez les pommes. Trancher finement. Coupez l'orange en quatre, retirez les pépins et coupez-la en tranches très fines.

b) Pour faire de la marmelade. Faites chauffer l'eau et le sucre jusqu'à ce que le sucre soit dissous. Ajoutez le jus de citron et les fruits. Faire bouillir rapidement, en remuant constamment, jusqu'à 9 °F au-dessus du point d'ébullition de l'eau, ou jusqu'à ce que le mélange épaississe. Retirer du feu; parcourir.

c) Verser immédiatement dans des bocaux de conserve chauds et stériles jusqu'à ½ pouce du haut. Joint. Passer 5 minutes au bain-marie bouillant.

d) Donne 6 ou 7 pots d'une demi-pinte.

82. Gelée de Mûres sans Pectine Ajoutée

Ingrédients:

- 8 tasses de jus de mûre
- 6 tasses de sucre

Directions:

a) Pour préparer du jus. Sélectionnez une proportion d'un quart de baies sous-mûres pour trois quarts de fruits mûrs. Trier et laver ; retirez toutes les tiges ou les chapeaux. Écrasez les baies, ajoutez de l'eau, couvrez et portez à ébullition à feu vif. Réduire le feu et laisser mijoter 5 minutes. Extraire le jus.

b) Pour faire de la gelée. Mesurez le jus dans une bouilloire. Ajouter le sucre et bien mélanger. Faire bouillir à feu vif jusqu'à 8 °F au-dessus du point d'ébullition de l'eau ou jusqu'à ce que le mélange de gelée tombe dans une feuille d'une cuillère.

c) Retirer du feu; écumer rapidement la mousse. Versez immédiatement la gelée dans des bocaux chauds et stériles jusqu'à ¼ de pouce du haut. Scellez et traitez 5 minutes au bain-marie bouillant.

Donne 7 ou 8 pots d'une demi-pinte.

83. Gelée de cerises avec pectine en poudre

Ingrédients:

- 3 ½ tasses de jus de cerise
- 1 paquet de pectine en poudre
- 4 ½ tasses de sucre

Directions:

a) Pour préparer du jus. Sélectionnez des cerises bien mûres. Trier, laver et retirer les tiges ; ne piquez pas. Écrasez les cerises, ajoutez de l'eau, couvrez, portez à ébullition sur feu vif. Réduire le feu et laisser mijoter 10 minutes. Extraire le jus.

b) Pour faire de la gelée. Mesurez le jus dans une bouilloire. Ajouter la pectine et bien mélanger. Placer sur feu vif et, en remuant constamment, porter rapidement à ébullition complète qui ne peut pas être agitée.

c) Ajoutez le sucre, continuez de remuer et faites chauffer à nouveau jusqu'à ébullition complète. Faire bouillir fortement pendant 1 minute.

d) Retirer du feu; écumer rapidement la mousse. Versez la gelée immédiatement dans des bocaux de conserve chauds et stériles jusqu'à $\frac{1}{4}$ de pouce du haut. Scellez et traitez 5 minutes au bain-marie bouillant.

Donne environ six pots de 8 onces.

84. Confiture de cerises avec pectine en poudre

Ingrédients:

- 4 tasses de cerises dénoyautées moulues
- 1 paquet de pectine en poudre
- 5 tasses de sucre

Directions:

a) Préparer des fruits. Trier et laver les cerises bien mûres ; retirer les tiges et les noyaux. Broyez les cerises ou hachez-les finement.

b) Pour faire de la confiture. Mesurez les cerises préparées dans une bouilloire. Ajouter la pectine et bien mélanger. Mettre sur feu vif et, en remuant constamment, amener porter rapidement à ébullition avec des bulles sur toute la surface.

c) Ajoutez le sucre, continuez de remuer et faites chauffer à nouveau jusqu'à ébullition complète. Faire bouillir fort pendant 1 minute en remuant constamment. Retirer du feu; parcourir.

d) Verser immédiatement dans des bocaux de conserve chauds et stériles à ¼ de pouce du haut. Sceller et traiter 5 minutes au bain-marie bouillant.

Donne 6 pots d'une demi-pinte.

85. Confiture de figues à la pectine liquide

Ingrédients:

- 4 tasses de figues écrasées (environ 3 livres de figues)
- ½ tasse de jus de citron
- 7 ½ tasses de sucre
- ½ bouteille de pectine liquide

Directions:

a) Préparer des fruits. Trier et laver les figues bien mûres ; retirer les extrémités de la tige. Écrasez ou broyez les fruits.

b) Pour faire de la confiture. Mettez les figues écrasées et le jus de citron dans une bouilloire. Ajouter le sucre et bien mélanger. Mettre sur feu vif et, en remuant constamment, porter rapidement à ébullition avec des bulles sur toute la surface. Faire bouillir fort pendant 1 minute en remuant constamment.

c) Retirer du feu. Incorporer la pectine. Écumez rapidement la mousse. Verser immédiatement dans des bocaux de conserve chauds et stériles jusqu'à ¼ de pouce du haut. Sceller et traiter 5 minutes au bain-marie bouillant.

Donne environ 9 pots d'une demi-pinte.

86. Gelée de Raisin avec Pectine en Poudre

Ingrédients:

- 5 tasses de jus de raisin
- 1 paquet de pectine en poudre
- 7 tasses de sucre

Directions:

a) Pour préparer du jus. Triez, lavez et ôtez les tiges des raisins bien mûrs. Écrasez les raisins, ajoutez de l'eau, couvrez et portez à ébullition à feu vif. Réduire le feu et laisser mijoter 10 minutes. Extraire le jus ..

b) Pour faire de la gelée. Mesurez le jus dans une bouilloire. Ajouter la pectine et bien mélanger. Placer sur feu vif et, en remuant constamment, porter rapidement à ébullition complète qui ne peut pas être agitée.

c) Ajoutez le sucre, continuez de remuer et portez à nouveau à ébullition. Faire bouillir fortement pendant 1 minute.

d) Retirer du feu; écumer rapidement la mousse. Versez immédiatement la gelée dans des bocaux chauds et stériles jusqu'à ¼ de pouce du haut. Sceller et traiter 5 minutes au bain-marie bouillant.

Donne 8 ou 9 pots d'une demi-pinte.

87. Confiture Menthe-Ananas avec Pectine Liquide

Ingrédients:

- Un 20 onces. boîte d'ananas écrasé ¾ tasse d'eau
- ¼ tasse de jus de citron
- 7 ½ tasses de sucre
- 1 flacon de pectine liquide ½ cuillère à café d'extrait de menthe Quelques gouttes de colorant vert

Directions:

a) Mettez l'ananas écrasé dans une bouilloire. Ajouter l'eau, le jus de citron et sucre. Bien mélanger.

b) Placer sur feu vif et en remuant constamment, porter rapidement à ébullition complète avec des bulles sur toute la surface. Faire bouillir fort pendant 1 minute en remuant constamment. Retirer du feu; ajouter la pectine, l'extrait d'arôme et le colorant. Parcourir.

c) Verser immédiatement dans des bocaux de conserve chauds et stériles à $\frac{1}{4}$ de pouce du haut. Sceller et traiter 5 minutes au bain-marie bouillant.

Donne 9 ou 10 pots d'une demi-pinte.

88. Gelée de fruits mélangés à la pectine liquide

Ingrédients:

- 2 tasses de jus de canneberge
- 2 tasses de jus de coing
- 1 tasse de jus de pomme
- 7 $\frac{1}{2}$ tasses de sucre
- $\frac{1}{2}$ bouteille de pectine liquide

Directions:

a) Préparer des fruits. Triez et lavez les canneberges bien mûres. Ajouter l'eau, couvrir et porter à ébullition à feu vif. Réduire le feu et laisser mijoter 20 minutes. Extraire le jus.

b) Triez et lavez les coings. Retirez les extrémités des tiges et des fleurs ; ne pas éplucher ou creuser. Trancher très finement ou couper en petits morceaux. Ajouter l'eau, couvrir et porter à ébullition à feu vif. Réduire le feu et laisser mijoter 25 minutes. Extraire le jus.

c) Triez et lavez les pommes. Retirez les extrémités des tiges et des fleurs ; ne pas éplucher ou creuser. Couper en petits morceaux. Ajouter l'eau, couvrir et porter à ébullition à feu vif. Réduire le feu et laisser mijoter 20 minutes. Extraire le jus.

d) Pour faire de la gelée. Mesurez les jus dans une bouilloire. Incorporer le sucre. Placer sur feu vif et, en remuant constamment, porter rapidement à une ébullition complète qui ne peut pas être agitée.

e) Ajouter la pectine et ramener à ébullition complète. Faire bouillir fortement pendant 1 minute.

f) Retirer du feu; écumer rapidement la mousse. Versez immédiatement la gelée dans des bocaux chauds et stériles jusqu'à $\frac{1}{4}$ de pouce du haut. Scellez et traitez 5 minutes au bain-marie bouillant.

Donne neuf ou dix pots de 8 onces.

89. Gelée d'Orange

Ingrédients:

- 3 ¼ tasses de sucre
- 1 tasse d'eau
- 3 cuillères à soupe de jus de citron ½ bouteille de pectine liquide
- Une boîte de 6 onces (¾ tasse) de jus d'orange concentré surgelé

Directions:

a) Incorporer le sucre à l'eau. Placer sur feu vif et, en remuant constamment, porter rapidement à une ébullition complète qui ne peut pas être agitée.

b) Ajoutez du jus de citron. Faire bouillir fortement pendant 1 minute.

c) Retirer du feu. Incorporer la pectine. Ajouter le jus d'orange concentré décongelé et bien mélanger.

d) Versez immédiatement la gelée dans des bocaux chauds et stériles jusqu'à ¼ de pouce du haut. Sceller et traiter 5 minutes au bain-marie bouillant.

Donne 4 ou 5 pots d'une demi-pinte.

90. Gelée d'orange épicée

Ingrédients:

- 2 tasses de jus d'orange
- 1/3 tasse de jus de citron
- 2/3 tasse d'eau
- 1 paquet de pectine en poudre
- 2 cuillères à soupe de zeste d'orange haché
- 1 cuillère à café de piment de la Jamaïque entier
- ½ cuillère à café de clous de girofle entiers
- 4 bâtons de cannelle de 2 pouces de long
- 3 ½ tasses de sucre

Directions:

a) Mélangez le jus d'orange, le jus de citron et l'eau dans une grande casserole.

b) Incorporer la pectine.

c) Placez le zeste d'orange, le piment de la Jamaïque, les clous de girofle et les bâtons de cannelle sans serrer dans un chiffon blanc propre, attachez-les avec une ficelle et ajoutez le mélange de fruits.

d) Placer sur feu vif et, en remuant constamment, porter rapidement à une ébullition complète qui ne peut pas être agitée.

e) Ajoutez le sucre, continuez de remuer et faites chauffer à nouveau jusqu'à ébullition complète. Faire bouillir fortement pendant 1 minute.

f) Retirer du feu. Retirez le sac à épices et écumez rapidement la mousse. Versez immédiatement la gelée dans des bocaux chauds et stériles jusqu'à $\frac{1}{4}$ de pouce du haut. Scellez et traitez 5 minutes au bain-marie bouillant.

Donne 4 pots d'une demi-pinte.

91. Confiture d'orange

Ingrédients:

- ¾ tasse de zeste de pamplemousse (½ pamplemousse)
- ¾ tasse de zeste d'orange (1 orange)
- 13/ tasse de zeste de citron (1 citron)
- 1 litre d'eau froide
- Pulpe de 1 pamplemousse
- Pulpe de 4 oranges de taille moyenne
- 2 tasses de jus de citron
- 2 tasses d'eau bouillante
- 3 tasses de sucre

Directions:

a) Préparer des fruits. Lavez et épluchez les fruits. Coupez la peau en fines lanières. Ajouter de l'eau froide et laisser mijoter dans une casserole couverte jusqu'à tendreté (environ 30 minutes). Vidange.

b) Retirez les graines et la membrane des fruits pelés. Coupez les fruits en petits morceaux.

c) Pour faire de la marmelade. Ajoutez de l'eau bouillante à la peau et aux fruits. Ajouter le sucre et faire bouillir rapidement jusqu'à 9 °F au-dessus du point d'ébullition de l'eau (environ 20 minutes), en remuant fréquemment. Retirer du feu; parcourir.

d) Verser immédiatement dans des bocaux de conserve chauds et stériles à ¼ de pouce du haut. Sceller et traiter 5 minutes au bain-marie bouillant.

Donne 3 ou 4 pots d'une demi-pinte.

92. Confiture Abricot-Orange

Ingrédients:

- 3 ½ tasses d'abricots égouttés hachés
- 1 ½ tasse de jus d'orange
- Pelure d'une demi-orange, râpée
- 2 cuillères à soupe de jus de citron
- 3 ¼ tasses de sucre
- ½ tasse de noix hachées

Directions:

a) Préparer les abricots secs. Cuire les abricots découverts dans 3 tasses d'eau jusqu'à ce qu'ils soient tendres (environ 20 minutes) ; égoutter et hacher.

b) Faire conserver. Mélanger tous les ingrédients sauf les noix. Cuire à 9 °F au-dessus du point d'ébullition de l'eau ou jusqu'à épaississement, en remuant constamment. Ajouter les noix; bien mélanger. Retirer du feu; parcourir.

c) Verser immédiatement dans des bocaux de conserve chauds et stériles à $\frac{1}{4}$ de pouce du haut. Scellez et traitez 5 minutes au bain-marie bouillant.

Donne environ 5 pots d'une demi-pinte.

93. Confiture de pêches avec pectine en poudre

Ingrédients:

- de pêches écrasées
- ½ tasse de jus de citron
- 1 paquet de pectine en poudre
- 5 tasses de sucre

Directions:

a) Préparer des fruits. Triez et lavez les pêches bien mûres. Retirez les tiges, les peaux et les noyaux. Écrasez les pêches.

b) Pour faire de la confiture. Mesurez les pêches écrasées dans une bouilloire. Ajouter le jus de citron et la pectine ; bien mélanger. Placer sur feu vif et, en remuant constamment, porter rapidement à ébullition complète avec des bulles sur toute la surface.

c) Ajoutez le sucre, continuez de remuer et faites chauffer à nouveau jusqu'à ébullition complète et bouillonnante. Faire bouillir fort pendant 1 minute en remuant constamment. Retirer du feu; parcourir.

d) Verser immédiatement dans des bocaux de conserve chauds et stériles à ¼ de pouce du haut. Scellez et traitez 5 minutes au bain-marie bouillant.

Donne environ 6 pots d'une demi-pinte.

94. Confiture épicée aux bleuets et aux pêches

Ingrédients:

- 4 tasses de pêches hachées ou moulues
- 4 tasses de myrtilles
- 2 cuillères à soupe de jus de citron
- ½ tasse d'eau
- 5 ½ tasses de sucre
- ½ cuillère à café de sel
- 1 bâton de cannelle
- ½ cuillère à café de clous de girofle entiers
- ¼ cuillère à café de piment de la Jamaïque entier

Directions:

a) Préparer des fruits. Trier et laver les pêches bien mûres ; peler et retirer les noyaux. Hachez ou broyez les pêches.

b) Triez, lavez et retirez les tiges des myrtilles fraîches.

c) Décongelez les baies congelées.

d) Pour faire de la confiture. Mesurez les fruits dans une bouilloire; ajouter le jus de citron et l'eau. Couvrir, porter à ébullition et laisser mijoter 10 minutes en remuant de temps en temps.

e) Ajouter le sucre et le sel; bien mélanger. Ajouter les épices liées dans une étamine. Faire bouillir rapidement, en remuant constamment, jusqu'à 9 °F au-dessus du point d'ébullition de l'eau, ou jusqu'à ce que le mélange épaississe.

f) Verser immédiatement dans des bocaux de conserve chauds et stériles à ¼ de pouce du haut. Scellez et traitez 5 minutes au bain-marie bouillant.

Donne 6 ou 7 pots d'une demi-pinte.

95. Marmelade Pêche-Orange

Ingrédients:

- 5 tasses de pêches hachées ou moulues
- 1 tasse d'oranges hachées ou moulues

Directions:

a) Le zeste d'une orange râpée 2 cuillères à soupe de jus de citron 6 tasses de sucre

b) Préparer des fruits. Triez et lavez les pêches bien mûres. Hachez ou broyez les pêches.

c) Retirez la peau, la partie blanche et les graines des oranges.

d) Hachez ou broyez la pulpe.

e) Pour faire de la marmelade. Mesurez les fruits préparés dans une bouilloire. Ajouter le reste des ingrédients et bien mélanger. Faire bouillir rapidement en remuant constamment jusqu'à 9 °F au-dessus du point d'ébullition de l'eau ou jusqu'à ce que le mélange épaississe. Retirer du feu; parcourir.

f) Verser immédiatement dans des bocaux de conserve chauds et stériles à $\frac{1}{4}$ de pouce du haut. Scellez et traitez 5 minutes au bain-marie bouillant.

Donne 6 ou 7 pots d'une demi-pinte.

96. Confiture d'ananas à la pectine liquide

Ingrédients:

- Une boîte de 20 onces d'ananas écrasé
- 3 cuillères à soupe de jus de citron
- 3 ¼ tasses de sucre
- ½ bouteille de pectine liquide

Directions:

a) Mélangez l'ananas et le jus de citron dans une bouilloire. Ajouter le sucre et bien mélanger. Placer sur feu vif et, en remuant constamment, porter rapidement à ébullition complète avec des bulles sur toute la longueur. surface.

b) Faire bouillir fort pendant 1 minute en remuant constamment.

c) Retirer du feu; incorporer la pectine. Parcourir.

d) Laisser reposer 5 minutes.

e) Verser immédiatement dans des bocaux de conserve chauds et stériles à $\frac{1}{4}$ de pouce du haut.

f) Scellez et traitez 5 minutes au bain-marie bouillant.

Donne 4 ou 5 pots d'une demi-pinte.

97. Gelée de Prunes à la Pectine Liquide

Ingrédients:

- 4 tasses de jus de prune
- 7 ½ tasses de sucre
- ½ bouteille de pectine liquide

Directions:

a) Pour préparer du jus. Triez et lavez les prunes bien mûres et coupez-les en morceaux ; ne pas peler ni dénoyauter. Écrasez les fruits, ajoutez de l'eau, couvrez et portez à ébullition à feu vif. Réduire le feu et laisser mijoter 10 minutes. Extraire le jus.

b) Pour faire de la gelée. Mesurez le jus dans une bouilloire. Incorporer le sucre. Placer sur feu vif et, en remuant constamment, porter rapidement à une ébullition complète qui ne peut pas être agitée.

c) Ajouter la pectine; porter à nouveau à pleine ébullition. Faire bouillir fortement pendant 1 minute.

d) Retirer du feu; écumer rapidement la mousse. Versez immédiatement la gelée dans des bocaux chauds et stériles jusqu'à ¼ de pouce du haut. Sceller et traiter 5 minutes au bain-marie bouillant.

Donne 7 ou 8 pots d'une demi-pinte.

98. Gelée de Coings sans Pectine Ajoutée

Ingrédients:

- 3 ¾ tasses de jus de coing
- 1/3 tasse de jus de citron
- 3 tasses de sucre

Directions:

a) Pour préparer du jus. Sélectionnez une proportion d'environ un quart de coings sous - mûrs et trois quarts de fruits bien mûrs. Trier, laver et retirer les tiges et les extrémités des fleurs ; ne pas éplucher ou creuser. Tranchez les coings très finement ou coupez-les en petits morceaux.

b) Ajouter l'eau, couvrir et porter à ébullition à feu vif. Réduire le feu et laisser mijoter 25 minutes. Extraire le jus.

c) Pour faire de la gelée. Mesurez le jus de coing dans une bouilloire. Ajoutez le jus de citron et le sucre. Bien mélanger. Faire bouillir à feu vif jusqu'à 8 °F au-dessus du point d'ébullition de l'eau, ou jusqu'à ce que le mélange de gelée forme une feuille à partir d'une cuillère.

d) Retirer du feu; écumer rapidement la mousse. Versez la gelée immédiatement dans des bocaux de conserve chauds et stériles jusqu'à ¼ de pouce du haut. Scellez et traitez 5 minutes au bain-marie bouillant.

Donne environ quatre pots de 8 onces.

99. Confiture de fraises avec pectine en poudre

Ingrédients:

- 5 ½ tasses de fraises écrasées
- 1 paquet de pectine en poudre
- 8 tasses de sucre

Directions:

a) Préparer des fruits. Trier et laver les fraises bien mûres ; retirez les tiges et les capuchons. Écrasez les baies.

b) Pour faire de la confiture. Mesurez les fraises écrasées dans une bouilloire. Ajouter la pectine et bien mélanger. Placer sur feu vif et, en remuant constamment, porter rapidement à ébullition complète avec des bulles sur toute la surface.

c) Ajoutez le sucre, continuez de remuer et faites chauffer à nouveau jusqu'à ébullition complète et bouillonnante. Faire bouillir fort pendant 1 minute en remuant constamment. Retirer du feu; parcourir.

d) Verser immédiatement dans des bocaux de conserve chauds et stériles à ¼ de pouce du haut. Scellez et traitez 5 minutes au bain-marie bouillant.

Donne 9 ou 10 pots d'une demi-pinte.

100. Confiture Tutti-Frutti

Ingrédients:

- 3 tasses de poires hachées ou moulues
- 1 grosse orange
- ¾ tasse d'ananas écrasé et égoutté
- ¼ tasse de cerises au marasquin hachées
- ¼ tasse de jus de citron
- 1 paquet de pectine en poudre
- 5 tasses de sucre

Directions:

a) Préparer des fruits. Trier et laver les poires mûres ; parer et noyau. Hachez ou broyez les poires. Épluchez l'orange, retirez les graines et hachez ou broyez la pulpe.

b) Pour faire de la confiture. Mesurez les poires hachées dans une bouilloire. Ajoutez l'orange, l'ananas, les cerises et le jus de citron. Incorporer la pectine.

c) Placer sur feu vif et, en remuant constamment, porter rapidement à ébullition complète avec des bulles sur toute la surface.

d) Ajoutez le sucre, continuez de remuer et faites chauffer à nouveau jusqu'à ébullition complète. Faire bouillir fort pendant 1 minute en remuant constamment. Retirer du feu; parcourir.

e) Verser immédiatement dans des bocaux de conserve chauds et stériles à $\frac{1}{4}$ de pouce du haut. Scellez et traitez 5 minutes au bain-marie bouillant.

Donne 6 ou 7 pots d'une demi-pinte.

CONCLUSION

Alors que nous concluons notre voyage, nous espérons que vous vous sentirez inspiré et habilité à vous lancer dans vos propres aventures dans le domaine de la mise en conserve et de la conservation. Que vous remplissiez votre garde-manger de confitures et de cornichons faits maison, ou que vous préserviez les récoltes de votre jardin ou du marché de producteurs locaux, les avantages de la conservation sont multiples.

Au-delà des avantages pratiques d'avoir de délicieuses friandises maison à portée de main toute l'année, il y a quelque chose de profondément satisfaisant à renouer avec les rythmes des saisons et à honorer la générosité de la terre. Qu'il s'agisse de conserver des recettes familiales transmises de génération en génération ou d'expérimenter de nouvelles combinaisons de saveurs, l'acte de conservation est une célébration de la tradition, de la créativité et de la communauté.

Ainsi, alors que vous vous lancez dans votre propre voyage de mise en conserve et de conservation, n'oubliez pas de savourer le processus, d'accepter les imperfections et de partager les fruits de votre travail avec vos proches. Que vous dégustiez un pot de confiture maison un dimanche matin paresseux ou que vous offriez un panier de cornichons maison à un ami, sachez que vous ne faites pas que conserver de la nourriture : vous préservez des souvenirs, des traditions et un esprit d'abondance. Bonne conservation !

www.ingramcontent.com/pod-product-compliance
Lightning Source LLC
Chambersburg PA
CBHW071300110526
44591CB00010B/727